LOI DU 30 MARS 1887

SUR LA

CONSERVATION

DES

MONUMENTS HISTORIQUES

ET DES

OBJETS D'ART

ÉTUDE DE LÉGISLATION COMPARÉE

PAR

Jules CHALLAMEL

Docteur en droit, avocat à la Cour d'appel de Paris

(Extrait de l'*Annuaire de législation française*)

PARIS

F. PICHON
IMPRIMEUR-ÉDITEUR
24, rue Soufflot, 24

CHALLAMEL ET Cⁱᵉ
LIBRAIRES-ÉDITEURS
5, rue Jacob, 5

1888

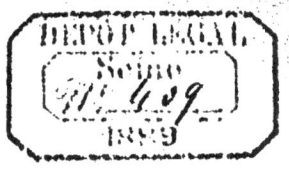

LOI DU 30 MARS 1887 (1), POUR LA CONSERVATION DES MONUMENTS ET OBJETS D'ART AYANT UN INTÉRÊT HISTORIQUE ET ARTISTIQUE (2).

Notice et notes par M. Jules CHALLAMEL, *avocat à la Cour d'appel de Paris, docteur en droit.*

I. — Le xvIII° siècle, en France, a été une époque de décadence pour la poésie et les arts. Plus la philosophie étendait son empire, plus l'imagination voyait le sien se réduire ; l'imitation fervente de l'antiquité qui avait soutenu les premières œuvres de la Renaissance était tombée, et l'art s'était condamné lui-même aux redites les plus stériles, aux copies les plus décolorées. L'inspiration lui manquait.

L'architecture avait été la première frappée. A Paris, les églises de Saint-Roch, de Saint-Sulpice, et de Saint-Thomas-d'Aquin, commencées au siècle précédent et terminées sous le règne de Louis XV, l'église de Sainte-Geneviève (Panthéon), construite de 1764 à 1790, l'École de chirurgie (3), commencée en 1769, sont des exemples caractérisés du haut style de cette période. Le xix° siècle à ses débuts continua les mêmes traditions qui se prolongèrent sous la Restauration et même au delà (4).

Il était difficile qu'une réaction ne se produisît pas. Elle vint en

---

(1) *Journal officiel* du 31 mars 1887. — *Bulletin des Lois* 1887, p. 537; n° 1076. — *Travaux préparatoires* : projet de loi déposé par M. Bardoux, ministre de l'instruction publique et des beaux-arts, le 27 mai 1878; exposé des motifs, *J. Off.*, p. 7528. Second projet de loi, déposé par M. Antonin Proust, ministre des arts, le 19 janvier 1882; exposé des motifs, annexes 1882, p. 168. Rapport, déposé le 8 juillet 1882, *ibid.*, p. 2135. Première délibération, séance du 28 décembre 1882; deuxième délibération, séance du 25 juin 1885. — Sénat : exposé des motifs, annexes 1885, p. 278; rapport de M. Bardoux, sénateur, déposé le 15 mars 1886, annexes 1886, p. 136; première délibération, séances des 10 et 13 avril 1886; deuxième délibération, séance du 1er juin 1886. — Retour à la Chambre : exposé des motifs, annexes 1886, p. 238; rapport de M. Antonin Proust, député, annexes 1887, p. 344; adoption, séance du 22 mars 1887.

(2) Le singulier pléonasme que présente la rédaction de cette rubrique est dû aux nombreux remaniements que notre loi a subis dans le cours des travaux préparatoires. — L'avant-projet de M. Rousse (V. *infrà*, p. 11, note 1) n'avait dans son intitulé général que les mots suivants : *monuments historiques et objets d'art*, et, dans la rubrique du titre Ier, cette autre expression : *monuments et objets d'art ayant un caractère d'intérêt national*. — Le projet de loi déposé par M. Bardoux en 1878 reproduisait le premier texte. — Le projet qui fut examiné par le Conseil d'Etat en 1881 parlait des *monuments et objets* ayant un *intérêt historique et artistique.* Enfin celui qui fut présenté aux Chambres en 1882 par M. Antonin Proust portait la rédaction défectueuse que nous lisons aujourd'hui dans le *Journal officiel* et dans le *Bulletin des lois*.

(3) Aujourd'hui siège de la Faculté de médecine.

(4) Eglises de Saint-Pierre du Gros-Caillou, de N. D. de Bonne-Nouvelle, etc....

effet, très profonde, très éclatante, et finit par triompher, au prix d'une longue et ardente lutte. Chateaubriand fut l'initiateur de cette révolution nécessaire; le romantisme en sortit, et par un prodigieux retour dans le passé, il alla retrouver la poésie et l'art dans les splendeurs délaissées du moyen âge; il comprit ce qu'il y avait de grandeur et de puissance créatrice dans les monuments de l'architecture gothique.

« C'étaient en effet des poètes que ces hommes qui renversèrent les vieilles basiliques pour revêtir la terre de la blanche robe des cathédrales; des générations de poètes, car le maçon qui avait sculpté le portail était mort depuis longtemps quand le forgeron martelait la croix de la flèche » (1).

Mais que de destructions, que de mutilations, que de restaurations barbares ces monuments n'avaient-ils pas subies! Répudié par le nouveau goût classique, méprisé par la philosophie, trahi par l'ignorance des fidèles, insulté par l'émeute, mis à l'encan par la Bande noire, le vieil art chrétien s'en allait par lambeaux.

Il était temps d'agir; une sorte de croisade s'organisa dans les revues et les journaux de l'école romantique; le *Globe*, l'*Artiste*, la *France littéraire* n'eurent pas de souci plus pressant que de dénoncer la fureur de démolition qui s'était emparée du gouvernement, des municipalités, des conseils de fabrique, du clergé lui-même. Le nouveau parti poussa jusqu'à l'invective ses protestations contre les représentants de l'architecture officielle et le Conseil des bâtiments civils. Dans la *Revue des deux mondes*, Victor Hugo criait : *Guerre aux démolisseurs!* et Montalembert, au nom de sa foi catholique, s'indignait du *Vandalisme en France* (2).

Un roman merveilleux venait de paraître, et la jeunesse enthousiaste qui suivait le maître montait aux différents étages de la vieille cathédrale pour vérifier, le livre en main, les descriptions qu'il en avait faites dans ces deux admirables chapitres : *Notre-Dame* et *Paris à vol d'oiseau*.

Cependant, le cri d'alarme avait été entendu ; de nombreuses sociétés d'antiquaires et d'archéologues s'étaient constituées dans les diverses régions de la France; elles s'appliquaient, avec une sorte de colère jalouse, à rechercher les monuments les plus outragés, les plus menacés. Entre toutes, il convient de nommer la *Société française pour la restauration et la décoration des monuments historiques*, fondée par M. de Caumont; elle devint le point de ralliement des efforts individuels, et bientôt se sentit assez forte, assez soutenue par l'esprit public, pour entreprendre la publication annuelle du *Bulletin monumental* (3).

(1) Aug. Angellier, *Étude sur la chanson de Roland*, p. 3.
(2) *Revue des Deux-Mondes*, 1er mars 1832 et 1er mars 1833.
(3) Cette publication compte aujourd'hui 53 volumes. — En 1825, avait paru le premier volume des *Mémoires de la Société des antiquaires de Normandie*, contenant un article écrit deux années auparavant par M. de Caumont. — En 1830, M. de Caumont commençait à professer, à Caen, son cours d'antiquités monumentales.

Ainsi, malgré l'indifférence ou l'hostilité des pouvoirs publics (1), de l'Institut, des architectes à la mode, un grand courant d'opinion s'était formé. Ce qu'Alexandre Lenoir avait essayé de faire pour les débris de sculpture et d'architecture échappés au marteau des *briseurs d'images* de la Révolution (2), quelques milliers d'hommes le faisaient maintenant pour ce qui restait encore debout de notre grand art national. Les sauvetages qui furent alors accomplis, les destructions qui furent conjurées sont innombrables.

Enfin, le gouvernement de Juillet se déclara du parti des artistes et des écrivains : en 1830, M. de Montalivet, ministre de l'intérieur, fit inscrire au budget un premier crédit de 80,000 francs pour subvenir aux réparations les plus urgentes, encourager les administrations locales, et

(1) « Chose étrange! dit M. de Montalembert, la Restauration, à qui son nom seul semblait imposer la mission spéciale de réparer et de conserver les monuments du passé, a été tout au contraire une époque de destruction sans limites... Il n'y a pas un département de France où il ne se soit consommé, pendant les quinze années de la Restauration, plus d'irrémédiables dévastations que pendant toute la durée de la République et de l'Empire; non pas toujours, il s'en faut, par le fait direct de ce gouvernement, mais toujours sous ses yeux, avec sa tolérance, et sans éveiller la moindre marque de sa sollicitude. » — *De l'état actuel de l'art religieux en France* (1837).

(2) Certains apologistes de la Révolution ont soutenu que le législateur de ce temps avait eu le respect du patrimoine artistique de la France. Ils en donnent pour preuve le décret des 11-14 août 1792 (art. 4) qui chargeait la *Commission des monuments* de veiller à la conservation des objets pouvant intéresser essentiellement les arts. Mais ce décret est précisément celui qui proscrivait la destruction des monuments *susceptibles de rappeler la féodalité*, et la partie n'était pas égale entre la liberté de briser donnée à tout le monde et la recommandation de conserver faite à quelques savants et artistes. — Plus exprès fut le décret des 16 septembre-15 novembre 1792, « relatif au triage des statues, vases et autres monuments des arts placés dans les maisons ci-devant dites royales et autres édifices nationaux ». Mais, en déclarant « qu'il importait de préserver et de conserver honorablement les chefs-d'œuvre des arts si dignes d'occuper les loisirs et d'embellir le territoire d'un peuple libre », l'Assemblée nationale n'en donnait pas moins l'ordre aux administrateurs d'anéantir tout ce qui était propre à rappeler le souvenir du despotisme. — On a dit aussi que, par ces démolitions mêmes, la Révolution avait doté la France d'un musée nouveau et fondé les collections de sculpture que nous admirons aujourd'hui ; en mobilisant subitement de nombreux ouvrages d'art, elle aurait mis en circulation les éléments d'un enseignement artistique qui s'adresse maintenant à tous. M. Courajod, dans son ouvrage sur Alexandre Lenoir et le musée des monuments français aux Petits-Augustins, a démontré que tout avait été destruction de la part des pouvoirs publics à cette époque et que, s'il subsistait encore dans nos musées quelques vestiges, malheureusement bien réduits, de la sculpture du moyen âge, de la Renaissance et des temps modernes, on le devait aux efforts et au dévouement de cet homme qui, seul contre tout un peuple de démolisseurs, avait pris la défense de notre art national. (V. Courajod : *Alexandre Lenoir, son journal et le musée des monuments français*, 3 vol. in-8°.) — Rien n'est plus affligeant, d'ailleurs, que les vicissitudes du musée des Petits-Augustins : Lenoir l'avait peuplé de chefs-d'œuvre, et c'est là que Michelet eut ses premières visions de l'histoire; à la Restauration, il fut regardé comme un établissement révolutionnaire et ses collections furent dispersées, dilapidées ou brisées (V. Vitet : *Études sur les Beaux-Arts*, t. II, p. 131).

les subventionner dans les sacrifices qu'elles s'imposeraient pour la conservation de leurs monuments. En même temps il confiait à M. Ludovic Vitet le soin de visiter, en qualité d'inspecteur général des monuments historiques, les départements de l'Oise, de la Marne, de l'Aisne, du Nord et du Pas-de-Calais.

De cette inspection M. Vitet rapporta une longue suite d'observations témoignant de l'état de ruine où se trouvaient les plus belles constructions du moyen âge et des actes de vandalisme dont elles avaient tous les jours à souffrir : — à Soissons, l'ancienne abbaye de Saint-Jean-des-Vignes venait d'être démolie en grande partie par le génie militaire, et le peu qui restait du cloître était menacé d'avoir le même sort ; — à Saint-Omer, le conseil municipal faisait sauter à la mine, pour installer à la place un marché aux veaux, l'église de la vieille abbaye de Saint-Bertin, si célèbre dans notre histoire, et dont la dévastation avait été commencée trente ans auparavant par les acheteurs de biens nationaux ; — à Reims, pour le sacre de Charles X, on avait fait suspendre des cordes à nœuds au-devant du portail de la cathédrale, et cinq ou six maçons attachés à ces cordes avaient été chargés d'abattre à grands coups de masse toutes les têtes de saints qu'ils pourraient atteindre ; on craignait que le bruit du canon et les cris de la foule ne les fissent tomber sur le roi quand il entrerait dans l'église (1).

Et ce n'était pas seulement dans les départements que régnait ce goût du vandalisme ; à Paris même, il fallut toutes les protestations de M. de Chateaubriand pour empêcher la démolition de Saint-Germain-l'Auxerrois (2).

II. — L'intervention du gouvernement pouvait être décisive. — En 1834, M. Guizot, ministre de l'instruction publique, institua le Comité historique des arts et monuments, en vue de la publication des documents inédits de l'histoire de France et de l'établissement d'un inventaire des monuments d'art et d'archéologie (meubles et immeubles). — Le 29 septembre 1837, un arrêté de M. de Montalivet, ministre de l'intérieur, confirmé bientôt par une ordonnance royale du 19 février 1839, créa la *Commission des monuments historiques*.

La Commission des monuments historiques avait un double rôle : — établir le classement des édifices dignes d'être conservés ; — procéder d'urgence aux réparations les plus nécessaires.

Des instructions furent adressées aux préfets pour centraliser les renseignements et donner l'unité de direction aux travaux exécutés par les départements et les communes ; défense était faite aux administrations locales de faire aucune restauration sans avoir pris l'avis de la Commission et lui en avoir soumis les plans.

---

(1) Vitet : Rapport à M. le ministre de l'intérieur, 1831 (*Études sur les beaux-arts*, tome II, p. 36.)
(2) Chateaubriand : *Opinions et Discours*, p. 572.

M. Mérimée, qui avait succédé à M. Vitet dans les fonctions d'inspecteur général, mit au service de l'art toutes les ressources de son esprit curieux, toute la finesse de son jugement, toute l'élégance et la clarté de son style. Sous sa direction, les travaux furent poussés avec une activité croissante; les recherches archéologiques se développèrent et parvinrent au plus haut degré d'exactitude; l'initiative des particuliers fut à la fois contenue et encouragée; une école nouvelle d'architectes et d'ouvriers habiles fut constituée.

« En effet, il ne suffit pas, pour maintenir intacte une œuvre d'art, d'être possédé de la volonté de la conserver : il faut avoir acquis les connaissances nécessaires pour pouvoir la restaurer sans altérer son caractère et sans faire disparaître des traces précieuses aux yeux de l'archéologue de l'architecte, de l'historien, de l'homme de science et de goût. (1). »

De telles connaissances supposent un labeur immense : — « Ce qui distingue l'architecture française de toutes celles de l'Europe, dit M. Viollet-le-Duc (2), c'est que, pendant plus de dix siècles, elle a été cultivée par plusieurs écoles originales nées spontanément dans différentes provinces, travaillant à l'envi l'une de l'autre d'après des principes et avec des procédés différents, imprimant chacune à ses ouvrages son caractère propre et comme un cachet national. Dès le XIe siècle, chacune de nos provinces avait ses artistes, ses traditions, son système, et cette étonnante variété dans l'art qui a produit presque partout des chefs-d'œuvre, car, sur tous les points de la France, le génie de nos artistes a laissé la forte empreinte de sa grandeur et de son originalité. »

Les crédits portés au budget furent successivement augmentés; ils étaient, en 1836, de 120.000 francs; en 1838, de 200.000 francs; en 1839, de 400.000 francs; en 1848, de 800.000 francs; en 1859, de 1.100.000 francs; ils s'élevèrent, en 1882, jusqu'à 1.580.000 francs. Au total, les sommes dont la Commission eut à faire l'emploi, de 1831 à 1886, atteignirent le chiffre de 45 millions; il faut y joindre encore les sommes bien plus considérables qu'elle a obtenues de l'administration des cultes, de celle des bâtiments civils, des départements, des communes, des fabriques, hospices, etc., ainsi que des particuliers (3).

Quant au *classement*, il ne pouvait se faire que très lentement, à mesure que s'établissait l'inventaire artistique de la France, réclamé par M. Guizot. Une liste provisoire, comprenant plus de deux mille monuments, fut publiée dans une note du ministère d'État, en 1862. Une liste revisée fut dressée en 1875.

---

(1) Observation empruntée aux notes de M. Lefebvre des Vallières, inspecteur général des monuments historiques et reproduite dans les travaux préparatoires: exposé des motifs du projet de loi (Chambre, annexes 1882, p. 168).

(2) *Les Monuments historiques de France à l'Exposition universelle de Vienne en* 1873 (Imprimerie nationale, 1876), rapport de M. E. du Sommerard, p. 3.

(3) Depuis 1885, les crédits accordés à la commission des monuments historiques ont été quelque peu réduits; au budget de 1887, ils n'étaient plus que de 1.400.000 francs; il est question de les réduire encore pour 1888.

Dans quel esprit ce classement fut-il opéré ? — Quelques observations sont ici nécessaires.

A son point de départ, et dans la pensée profonde de celui qui en était le premier inspirateur, le romantisme réagissait contre tout ce qui avait caractérisé le xviiie siècle. Les encyclopédistes n'avaient jamais assez de sarcasmes contre la barbarie du moyen âge, et tout le monde connaît cette affirmation de Voltaire que Paris, avant Louis XIV, ne possédait que quatre beaux monuments : la Sorbonne, le Val-de-Grâce, le Louvre-Neuf et le Luxembourg. C'est donc aux vieilles cathédrales gothiques et, par elles, à la religion de nos pères (1) qu'il faut revenir, en reniant le paganisme du xvie siècle et l'incrédulité qui l'a suivi. C'est là, dans cette conception grandiose qui inspirait le *Génie du christianisme*, qu'il faut rechercher l'origine du mouvement religieux, artistique et littéraire qui a renouvelé l'imagination française (2).

Mais, tandis que les plus convaincus, les plus touchés de la grâce, restaient au catholicisme, et se préparaient à entrer dans la noble phalange immortalisée par les noms de Lacordaire, de Montalembert et de Frédéric Ozanam, les autres, plus exclusivement artistes, allaient à un scepticisme élégant et délicat, et glorifiaient les œuvres des premiers temps de la Renaissance à l'égal des églises et des forteresses féodales.

Augustin Thierry, Amédée Thierry, Michelet venaient de fonder la grande école de critique historique qui est l'honneur de notre siècle. Reconstituer l'homme à chacune des époques qu'il a traversées ; le replacer, par une étude patiente des documents contemporains, dans le milieu même où il a vécu ; retrouver ses croyances, ses aspirations, ses souffrances, dans les témoins de pierre, de parchemin ou de papier qui nous restent de lui, avec l'espoir de démontrer le progrès indéfini de l'humanité, tel était leur dessein.

L'histoire nationale se reconstruit ainsi sous leurs mains avec une précision jusqu'alors inconnue. Mais, d'autre part, elle n'est qu'un fragment de l'histoire générale du monde, et les mêmes procédés d'investigation critique ne tarderont pas à s'attacher à la résurrection des monuments hindous, comme des celtiques et des égyptiens. De l'histoire même on montera jusqu'aux temps préhistoriques.

Cette école est maintenant en pleine possession de l'opinion publique en France ; c'est par elle et pour elle qu'a été promulguée la loi nou-

(1) La même idée inspirait à M. Guizot les paroles suivantes : « L'étude des monuments religieux a ranimé parmi nous le sentiment et le goût de l'art chrétien. Ce sentiment a bientôt tourné au profit du christianisme lui-même. En apprenant à comprendre, à admirer nos églises, on est devenu presque juste, presque affectueux pour la foi qui les a élevées. C'est là un retour un peu futile vers la religion, retour sincère cependant, qu'il ne faut pas dédaigner. L'art rend ainsi aujourd'hui à la religion quelque chose de ce qu'il en a reçu jadis. » *Discours à la Société des antiquaires de France*, août 1837.)

(2) Nous citerons ici un ouvrage auquel nous devons beaucoup, et dont quelques idées se retrouvent dans le développement général de notre notice : — *Études littéraires sur le* xixe *siècle*, de M. Émile Faguet (Paris, 1887).

velle qu'il nous reste à étudier. Cette loi, que le romantisme aurait faite pour protéger les monuments de trois ou quatre siècles, et dans le seul but de sauver des chefs-d'œuvre, s'étend aujourd'hui à toute l'histoire de France, ou plutôt à tous les vestiges des races et des peuples qui ont occupé notre sol. Et il importe peu que ces vestiges soient des monuments achevés de l'art; il suffit qu'ils aient en eux une assez grande puissance de démonstration historique. A quelque âge qu'ils appartiennent, qu'ils soient d'une beauté parfaite ou grossiers et informes, ils seront tous conservés avec le même amour, on pourrait dire avec la même indifférence curieuse.

Les procès de tendance sont toujours délicats et nous ne voulons ici rien forcer. Il serait injuste assurément, de tracer une ligne de démarcation inflexible entre les premiers et les derniers romantiques, entre les partisans de l'école historique et les fervents du moyen âge. La préoccupation qui s'était emparée de Chateaubriand de renouer, après trois siècles de paganisme artistique, l'ancienne tradition chrétienne, n'allait pas sans un très vif sentiment du développement historique de la France, de même que les disciples les plus convaincus de l'évolution savaient faire une place de choix à cette époque agissante et croyante qui a placé notre pays à la tête des peuples catholiques et qui a semé ses idées dans tout l'univers. Mais ce qui reste vrai c'est que les uns donnaient la première place au culte des arts et la seconde à la recherche des documents, tandis que, pour les autres, l'ordre des préférences était renversé.

La Commission des monuments historiques, pour être soutenue par l'opinion, devait évidemment se ranger du parti des historiens plutôt que du parti des artistes, et, ce faisant, il faut reconnaître qu'elle a servi les intérêts de l'art tout autant que ceux de l'histoire.

Voyons en effet comment se sont opérés les classements de 1862 et de 1875. — « Si, dès le principe il se fût agi uniquement de signaler les beaux ouvrages de l'époque romaine qui sont encore debout dans plusieurs de nos provinces, les magnifiques églises de la période romane et de l'ère gothique qui témoignent du génie des architectes des temps passés, le classement eût été simple et facile; mais, à côté de ces splendides spécimens, de ces châteaux de la Renaissance et de tous ces grands et intéressants échantillons de l'architecture religieuse, civile et militaire qui couvrent le sol de la France, il importait d'assurer la conservation d'édifices moins en vue, remontant aux premiers temps du christianisme, et qui, *échappant à tout examen au point de vue de l'art*, ont une grande importance pour son histoire, en formant un des chaînons de l'architecture française entre son origine première et son complet développement (1). »

Joignons à cela les monuments mégalithiques, dont l'intérêt archéologique est si puissant, mais qui témoignent d'une culture artistique si rudimentaire. — Dès lors, il nous sera facile d'apprécier comment la

---

(1) Rapport de M. E. du Sommerard, *loc. cit.*, p. 23.

Commission des monuments historiques a compris son rôle et justifié son titre.

Pour ce qui concerne les meubles anciens (monnaies, tableaux, etc...), les antiquaires et les artistes ne s'en étaient pas moins préoccupés; c'est à leur initiative et à leur persévérance qu'il faut rapporter cette connaissance des usages et de la vie familière du passé que l'érudition moderne a poussée à un si haut degré d'exactitude.

Qui n'a entendu parler de l'œuvre entreprise par M. du Sommerard et de sa passion pour les reliques? Nous lui devons cette admirable collection (1) qui a servi de modèle à tant d'autres, en France et hors de France. Combien de richesses ne contenait-elle pas déjà lorsque le gouvernement la reçut de ses mains patientes! Enfin, sur l'initiative de la Commission des monuments historiques, M. le comte Duchâtel, ministre de l'intérieur, fit voter la loi du 24 juillet 1843 qui créait le *Musée des Thermes et de l'hôtel de Cluny*.

Mais ce n'est pas seulement dans les musées que résident les trésors de notre histoire nationale : c'est aussi dans les châteaux que les haines révolutionnaires n'ont pas entièrement dévastés, dans les couvents et dans les églises. La Commission des monuments historiques avait de droit la surveillance de toutes ces richesses.

Il nous reste à voir enfin de quels moyens la Commission disposait pour arriver à son but. — Elle n'en avait pas d'autres que l'exemple et le conseil.

En effet le classement ne lui donnait aucun pouvoir défini. Les édifices publics ont leurs propriétaires comme les édifices particuliers. S'ils appartiennent à la commune ou au département, l'État ne saurait intervenir; la commune et le département n'ont à prendre conseil que d'eux-mêmes, de leur honneur ou de leur intérêt. S'ils appartiennent à l'État, ce n'est pas la Commission des monuments historiques qui en a la garde; le département ministériel dont ils relèvent (ministère des travaux publics, ministère des cultes, ministère de la guerre, etc...) n'a pas d'instructions à recevoir d'un autre département, et l'on sait que les administrations publiques affectent bien souvent de se jalouser et de se combattre.

C'est ainsi que l'ancien Hôtel-Dieu d'Orléans et les remparts de Carpentras ont été démolis, malgré les efforts de la Commission, de même que le réfectoire des Augustins de Toulouse. La municipalité de cette dernière ville, « forte de son droit, qu'aucune loi, qu'aucun règlement ne soumettait aux exigences de l'archéologie », repoussa toutes les observations qui lui furent adressées.

La Commission avait dépensé 70.000 francs pour réparer le château de Falaise, dont la chapelle était affectée au service du collège, lorsque tout à coup le professeur de philosophie, pris d'un beau zèle, organise une

(1) V. *Les Arts au moyen âge*, par Alexandre du Sommerard. (5 vol. in-8° avec album, Paris, 1838 à 1846.)

loterie, obtient des fonds et les dépense pour embellir la chapelle, sans que les ordres mêmes du ministre puissent arrêter les travaux. La Commission a dépensé 4.000 francs pour réparer les dégâts causés par ces prétendus embellissements (1).

Le château des papes, à Avignon, a été l'objet de mutilations sans nombre de la part du génie militaire, le département de la guerre ne voulant admettre dans son domaine propre l'ingérence d'aucune administration civile. On sait, en effet, que le château des papes avait été transformé en caserne.

Les exemples de cette sorte seraient innombrables.

Cependant l'intervention officieuse de la Commission avait réussi, dans la plupart des cas, à se faire accepter. L'opinion s'était même répandue dans le public que les monuments classés étaient soumis légalement à la surveillance de l'État et que les propriétaires ne pouvaient y faire aucun changement sans une autorisation spéciale. Cette erreur commune n'a pas créé le droit, mais elle a concouru à fortifier l'autorité morale dont jouissait la Commission. — L'espoir d'obtenir une subvention pour les travaux à exécuter n'a pas été non plus sans exercer une certaine influence sur la conduite des propriétaires des monuments classés. Les communes sont coutumières de ces sortes d'initiatives.

Il n'en est pas moins certain que, devant la négligence ou le parti pris des propriétaires ou ayants droit, la Commission restait impuissante et désarmée.

Elle pouvait bien, il est vrai, recourir à l'expropriation pour cause d'utilité publique (2) — c'est ainsi qu'il a été procédé pour dégager le

---

(1) Détails empruntés aux notes de la Commission des monuments historiques et relevés par M. Courcelle-Seneuil dans son rapport au Conseil d'État (annexe au n° 364, distribution du 28 février 1882, pp. 3 et 4.)

(2) D'après le droit commun, les édifices classés comme monuments historiques pouvaient-ils être expropriés par l'État, au nom de l'utilité publique, lorsqu'ils sont menacés de destruction ou de restaurations désastreuses de la part de ceux qui les possèdent ? — « La question a été soulevée devant les Chambres législatives lors de la discussion de la loi du 3 mai 1841. A la Chambre des députés on a proposé que tout monument historique ou d'antiquité nationale, dont la conservation péricliterait dans les mains du détenteur, pût être acquis par l'État pour cause d'utilité publique. » Cette proposition a été écartée. A la Chambre des pairs, elle a été reproduite. Le garde des sceaux déclare « qu'il y a des circonstances où l'acquisition d'un monument historique pouvait rentrer dans les termes de la loi de 1833; qu'alors le gouvernement userait de cette loi et se pourvoirait devant le Conseil d'État pour faire examiner l'utilité publique; que la loi était suffisante pour ces circonstances particulières. » — M. Vatout propose alors un amendement : « Les constructions adhérentes aux monuments historiques et d'art seront assujetties aux dispositions de la présente loi sur l'expropriation. » — M. Vuitry demande « que l'on n'embarrasse pas par des cas particuliers une loi de procédure. *Le Gouvernement a toujours le droit de soumettre la question au Conseil d'État.* » — M. Vatout demande si le gouvernement l'entend ainsi, et, sur la réponse affirmative du garde des sceaux, l'amendement est retiré. » — E. Rousse, *Avant-projet de loi pour la conservation des monuments historiques et des objets d'art*, p. 297.

théâtre antique d'Orange des constructions qui l'obstruaient (1) ; — « mais on comprend que ce n'est pas là un remède très pratique, ni d'un emploi très facile. D'une part, en effet, la déclaration d'utilité publique rencontrerait sans doute, suivant les temps, bien des difficultés dans les conseils du gouvernement; d'autre part, l'État ne peut pas se porter acquéreur et devenir propriétaire de tous les monuments en souffrance » (2).

Pour les objets mobiliers, la Commission n'avait aussi que des moyens de défense très insuffisants. — « Les archives des municipalités et surtout les trésors des églises renferment des manuscrits, des tapisseries, des broderies, des vases sacrés, des joyaux de tous les genres et de toutes les époques, qui, soit par les matériaux, soit par la mise en œuvre, soit par leur antiquité, représentent d'inestimables richesses. Or, on sait avec quelle passion, depuis quelques années surtout, ces curiosités précieuses sont recherchées, poursuivies par les antiquaires, les collectionneurs, les marchands et les brocanteurs de tous les pays du monde. Très souvent, les municipalités ou les fabriques reçoivent, si elles consentent à se dessaisir de ces objets, des offres qui leur paraissent avantageuses ; et, très souvent aussi, elles se laissent aller à ces tentations. La commune a besoin d'argent pour bâtir une école; la fabrique pour agrandir une chapelle ou assainir une sacristie. A quoi lui sert telle tapisserie du XVe siècle roulée dans ses armoires et qui ne voit jamais le jour, tel ornement démodé, telle boiserie dont on ne trouve pas la place, tel ostensoir incommode, trop lourd ou trop fragile, tel livre de liturgie que les chantres ne peuvent point déchiffrer ? Le marchand est là, l'argent à la main. La somme paraît bonne. Le marché se conclut; quinze jours après, l'acquéreur a revendu la bordure seule de la tapisserie vingt fois ce qu'il a payé la tapisserie tout entière, un panneau de la boiserie dix fois ce qu'il a payé toute la boiserie, le reste à l'avenant. Et la plupart de ces objets précieux s'en vont en Angleterre, en Amérique ou en Allemagne, enrichir à nos dépens les musées publics ou les galeries des particuliers. » (3)

Dans certains cas, lorsque l'aliénation a été connue en temps utile, la résiliation en a été provoquée et la réintégration de l'objet vendu a pu être obtenue, soit à l'amiable, soit par voie judiciaire. — « En effet, d'après la jurisprudence (4), sont considérés comme propriété de l'État

---

(1) L'ordonnance royale déclarant l'utilité publique est du 9 octobre 1845.
(2) *Avant-projet*, loc. cit., p. 295.
(3) Arrêt de la cour de Paris du 10 avril 1848 : retable ancien vendu par la fabrique de l'église de Carrières-Saint-Denis; — arrêt de la cour de Lyon, du 19 décembre 1873 (Dalloz, 76, I, p. 89) : tableau d'Eugène Delacroix (*le Martyre de saint Sébastien*) vendu par la fabrique de l'église de Nantua; — jugement du tribunal civil de la Seine du 29 juin 1877 (*Gazette des Tribunaux* des 28, 29 et 30 juin 1877) : tapisserie ancienne vendue par la fabrique de l'église Saint-Gervais-et-Saint-Protais, à Paris.
(4) Exposé des motifs : Chambre, annexes 1882, p. 165. — Cette jurisprudence ne pouvait jamais s'appliquer qu'aux églises; c'est ainsi qu'un arrêt de la cour

tous les objets d'art qui se trouvaient dans les églises au moment où elles furent rendues au culte lors du concordat. Les fabriques sont seulement affectataires de ces objets, comme elles le sont des bâtiments. Enfin, les dons faits aux églises par l'État, les départements ou les communes sont eux-mêmes considérés comme une affectation et restent dans le domaine public national, départemental ou communal » (1). — Mais le plus souvent les disparitions de cette nature ne peuvent être constatées, faute d'un inventaire général sans lequel la vérification est impossible. D'autre part, si bien fondé qu'il puisse être, le droit de revendication réservé à l'État n'est pas toujours efficace, car souvent l'objet vendu se trouvera hors de France avant que la revendication puisse l'atteindre.

III. — En 1875, M. Wallon, ministre de l'instruction publique et des beaux-arts entreprit de donner une sanction à la déclaration de classement prononcée par la Commission des monuments historiques.

M. Rousse, ancien bâtonnier de l'ordre des avocats à la cour d'appel de Paris, fut sollicité de préparer un avant-projet. Il faut lire cet exposé des motifs qui nous montre l'histoire de France écrite sur le sol par les siècles eux-mêmes, depuis les blocs celtiques enfoncés dans les landes du Morbihan et du Finistère, jusqu'aux merveilleuses demeures et aux folies ruineuses de Blois, d'Amboise, de Chenonceaux, de Chambord (2). L'auteur indique le but qu'il s'agit d'atteindre et l'insuffisance des moyens d'y parvenir; il conclut en proposant de limiter le droit de propriété dans les mains des communes et des établissements publics, relativement aux édifices classés qu'ils possèdent, et d'ériger en délit spécial l'atteinte portée par le propriétaire à sa propre chose ou l'aliénation abusive qu'il en aurait faite; l'amende serait la sanction des infractions commises contre l'arrêté de classement.

Cet avant-projet reçut de nombreuses modifications avant d'être présenté aux Chambres; toute sanction pénale disparut, les abus de jouissance des propriétaires donnant seulement ouverture à une action en dommages-intérêts (3).

de Dijon du 3 mars 1887 (journal *la Loi*, du 20 avril 1887) rejetait la demande en revendication formée contre un particulier, par le préfet de la Côte-d'Or, du mausolée de Philippe Pot, provenant de l'ancienne abbaye de Cîteaux.

(1) *Avant-projet de loi pour la conservation des monuments historiques et des objets d'art.* (*Discours, plaidoyers et œuvres diverses de M. Edmond Rousse*, tome Ier, p. 285.)

(2) E. Rousse, *loc. cit.*, p. 298.

(3) Les travaux faits en violation des prescriptions légales, dit M. Courcelle-Seneuil, dans son rapport au Conseil d'État, ne pouvaient donner lieu à une sanction pénale, parce qu'ils sont entrepris le plus souvent sans intention de nuire; mais ils causent un dommage incontestable, et ce dommage doit être réparé par celui qui l'a causé. — On peut remarquer cependant que les règlements de police ont très souvent pour sanction l'amende et la prison; la contravention peut être commise et la peine encourue sans qu'il y ait la moindre intention de nuire. Il en est de même pour les homicides et les blessures par imprudence. L'honorable rapporteur voulait exprimer sans doute que les peines de simple police ne seraient pas une répression suffisante, et que, d'autre part,

La Chambre fut saisie du projet ainsi amendé, le 27 mai 1878; mais ce projet fut bientôt retiré, pour être soumis à l'examen du Conseil d'État (1). Dans la révision qui fut faite alors, section de l'intérieur et section de législation réunies, une disposition toute nouvelle et d'une grande portée vint modifier l'économie générale de la loi. Jusqu'à ce moment personne n'avait eu l'idée d'atteindre les propriétés privées; on ne voulait attribuer autorité à la Commission des monuments historiques qu'à l'égard des édifices publics ou appartenant à des établissements publics. Le classement pouvait bien, il est vrai, comprendre des immeubles appartenant à des particuliers, mais sans qu'il en résultât aucune diminution du droit de propriété (2). — Le Conseil d'État voulut, au contraire, que les conséquences du classement fussent égales pour tous les monuments sans distinction. Seulement, pour les propriétés privées, le classement ne pourra être imposé par le gouvernement; s'il s'agit d'immeubles non encore classés, les propriétaires seront appelés à donner ou à refuser leur consentement; s'il s'agit au contraire d'immeubles figurant déjà dans les anciens classements, les propriétaires auront le droit, pendant une année, de les faire déclasser (3).

Avec cette modification fondamentale, le nouveau projet fut déposé devant la Chambre par M. Antonin Proust, ministre des arts, le 19 janvier 1882.

Il n'y eut aucun débat (4). Notons seulement que la commission parlementaire, sur la proposition de M. Bischoffsheim, comprit les *blocs erratiques* dans les objets auxquels devait s'appliquer la loi nouvelle. En effet, disait-il, la conservation de ces blocs intéresse à un très-haut degré l'histoire géologique, l'étude des origines et des modes de formation des terrains de la Savoie et de plusieurs autres de nos départements de l'Est et du Midi (5).

---

les peines correctionnelles seraient trop dures pour des propriétaires de bonne foi; l'action en dommages-intérêts est mieux en rapport avec la nature des faits incriminés.

(1) Décret du 26 février 1880.
(2) L'article 6 de l'avant-projet rédigé par M. Rousse était ainsi conçu : « Ne tomberont pas sous l'application des dispositions qui vont suivre, bien qu'ils soient inscrits comme classés sur la liste formée par la Commission, les monuments et objets d'art appartenant à des particuliers. Ces dispositions s'appliquent seulement aux monuments et œuvres d'art appartenant aux départements, aux communes, aux églises, aux communautés religieuses, collèges et autres établissements ayant une existence légale. » — Le projet présenté par M. Bardoux contenait la disposition suivante (art. 4): « Les immeubles appartenant à des particuliers pourront être classés, soit sur la demande des propriétaires, soit sur la demande du ministre des Beaux-Arts. Ces immeubles étant classés pourront bénéficier de la répartition des crédits ouverts pour les monuments historiques. *Ils sont prescriptibles et aliénables dans les termes du droit commun.* »
(3) V. *infrà*, p. 30, art. 7, et p. 22, note 2.
(4) Séances des 28 décembre 1882 et 25 juin 1885.
(5) 1er Rapport de M. Antonin Proust : Chambre, annexes 1882, p. 2135. — V. *infrà*, p. 14.

Au Sénat, M. Bardoux, ancien ministre de l'instruction publique, fut chargé du rapport. Aux différents motifs d'urgence, invoqués en faveur de la loi nouvelle, il ajouta l'état déplorable dans lequel se trouvent les antiquités de l'Algérie.

Notre terre d'Afrique est, après l'Italie, le pays qui fournit le plus d'inscriptions romaines (1). Malheureusement il y règne une véritable fureur de destruction, et les monuments les plus intéressants sont l'objet des actes de dévastation les plus inexplicables et les plus barbares. « L'indignation seule, dit M. de Masqueray, directeur de l'école supérieure des lettres d'Alger, nous aurait poussé à recueillir, nous aussi, les épaves d'un naufrage dans lequel des villes entières disparaissent. On a fait de la chaux avec des statues de Cœsarea (Cherchell); Naraggara, Thagora, Auzia sont englouties dans des casernes, j'ai vu scier les marbres du temple d'Esculape ; à Lambèze, les collections locales sont au pillage » (2). — Ces faits nouveaux rajeunissaient pour ainsi dire les griefs anciens et justifiaient le projet du gouvernement (3).

Aussi bien personne, au Sénat comme à la Chambre, ne songeait à contester la nécessité d'un texte spécial pour protéger nos monuments classés. — M. Combes, sénateur, fit seulement observer que la loi nouvelle imposerait aux communes une charge extrêmement lourde : les communes ont besoin d'utiliser les édifices qui leur appartiennent; la servitude archéologique dont ils vont être frappés les mettra souvent hors d'usage, et l'on sera forcé de les remplacer par des constructions neuves qui coûteront fort cher. Il serait juste, au moins, d'inscrire dans la loi le principe d'une obligation à la charge de l'État, toutes les fois que la conservation du monument serait trop onéreuse pour les finances municipales. Pour obvier à cet inconvénient, M. Combes proposa une série d'amendements et s'efforça d'obtenir l'adhésion du Sénat; mais tous ces amendements furent repoussés, et le projet de la commission fut adopté sans modification (4).

(1) « En 1857, M. Léon Rénier avait relevé, en Algérie, 4.417 textes lapidaires, réunis dans son recueil des Inscriptions romaines. En 1881, l'Académie de Berlin, par les soins de MM. Mommsen et Wilmanns, publiait le tome VIII de son *Corpus inscriptionum latinarum*, relatif à l'Afrique et contenant un total de 10.988 inscriptions, dans lequel le travail de M. Rénier se trouve absorbé. En 1884, M. Schmidt faisait paraître dans l'*Ephemeris epigraphica* 1170 nouvelles inscriptions. Pendant ce temps, M. Cagnat publiait, de son côté, dans les *Archives des missions*, 867 textes qu'il avait reconnus sur place dans ses explorations. » — La Tunisie a offert de nouvelles richesses aux explorateurs, et le Père Delattre publie, dans le *bulletin épigraphique* de M. Mowat, le résultat de ses fouilles fructueuses à Carthage. Il est impossible aussi de ne pas mentionner les importantes explorations de M. Poinsot, de M. Salomon Reinach, de M. Héron de Villefosse, de M. Pallu de Lessert. — Rapport de M. Bardoux : Sénat, annexes 1882, p. 137.

(2) Préface du *Bulletin de correspondance africaine*, 1882, p. 6.

(3) En ce qui concerne l'Algérie, nous renvoyons à l'article 16 qui contient une disposition très importante.

(4) Séances des 10 et 13 avril 1886.

Aucune objection ne fut faite contre l'application de la servitude aux propriétés particulières.

Nous remarquerons ici que les blocs erratiques ne figurent plus dans la liste des monuments à conserver, la commission ayant pensé qu'en bonne logique ils ne pouvaient avoir leur place à côté des œuvres de la main des hommes. — Nous remarquerons également que le texte a été divisé en quatre chapitres distincts portant les rubriques suivantes : Chapitre Ier, Immeubles et monuments historiques ou mégalithiques ; — Chapitre II, Objets mobiliers ; — Chapitre III, Fouilles; — Chapitre IV, Dispositions spéciales à l'Algérie et aux pays de protectorat.

Malheureusement cette division, faite après coup, n'est pas à l'abri de tout reproche ; c'est ainsi que l'article 12 qui détermine les sanctions, en ce qui touche les immeubles, se trouve placé dans le chapitre II et compris dans les dispositions concernant les objets mobiliers. — Mais cette observation n'est que de pure forme (2).

Disons maintenant, au point de vue juridique, quelle est l'étendue et quelle est l'économie générale de notre loi.

C'est principalement aux immeubles qui appartiennent à l'État, aux départements, aux communes, aux fabriques ou autres établissements publics reconnus que s'adressent les dispositions légales. En ce qui les concerne, aucune réclamation n'est admise contre les décisions de classement antérieurement prononcées par la Commission (art. 7).

Pour l'avenir, le classement sera fait par arrêté du ministre de l'instruction publique et des beaux-arts, s'il y a consentement de tous les intéressés ; s'il y a désaccord, il sera fait par décret rendu en la forme des règlements d'administration publique (art. 2).

Quant aux propriétés particulières, formant à peu près la vingtième partie du nombre total des monuments classés, elles ne peuvent être assujetties aux conséquences légales du classement que si les propriétaires y consentent (art. 3). Cependant, pour tous ceux qui ont été classés antérieurement, le consentement des propriétaires est présumé : pour obtenir de droit le déclassement de ces édifices, les intéressés devront en faire la demande au ministre de l'instruction publique et des beaux-arts avant le 30 mars 1888 ; encore faut-il que l'État n'ait fait aucune dépense pour leur conservation (art. 7).

Une fois le classement devenu définitif, la situation est égale pour tous les monuments, quel que soit le propriétaire ; ils sont tous frappés d'une servitude administrative qui les suit dans quelques mains qu'ils passent et que l'article 4 définit ainsi : « L'immeuble classé ne pourra être détruit, même en partie, ni être l'objet d'un travail de restauration, de réparation ou de modification quelconque, si le ministre de l'instruction publique et des beaux-arts n'y a donné son consentement. » Les travaux exécutés en violation de cette disposition donneraient lieu, au profit de

---

(1) V. aussi *infrà*, p. 34, l'article 15, qui doit s'appliquer, non pas seulement aux fouilles, mais à l'ensemble des dispositions de la loi du 30 mars.

l'État, à une action en dommages-intérêts contre ceux qui les auraient ordonnés ou fait exécuter (art. 11).

Pour les objets mobiliers, il en sera fait un classement général par les soins du ministre de l'instruction publique et des beaux-arts; ce classement ne peut comprendre que des objets appartenant à l'État, aux départements, aux communes, aux fabriques et autres établissements publics (art. 8). Les objets classés qui appartiennent à l'État seront inaliénables et imprescriptibles; ceux qui appartiennent aux départements, communes, ou établissements publics ne pourront être restaurés, réparés, ni aliénés par vente, don ou échange qu'avec l'autorisation du ministre de l'instruction publique et des beaux-arts (art. 11). L'aliénation faite en violation de cette disposition sera nulle; la revendication pourra être exercée pendant un délai de trois ans, comme dans le cas de perte ou de vol (art. 13); des dommages-intérêts pourront en outre être réclamés, dans tous les cas, pour infraction aux dispositions légales (art. 12 et 13).

Lorsque des fouilles feront apparaître des objets pouvant intéresser l'archéologie, l'histoire ou l'art, le maire de la commune devra aviser immédiatement le préfet du département qui en référera au ministre de l'instruction publique et des beaux-arts. Si les fouilles ont été faites sur un terrain appartenant à l'État ou à quelque autre personne publique, des mesures provisoires seront prises par le maire pour assurer la conservation des monuments découverts (1); les fouilles ne pourront être continuées que sous la direction de la Commission des monuments historiques (2). Si, au contraire, la fouille a eu lieu sur le terrain d'un particulier, la Commission ne pourra procéder que par la voie de l'expropriation, suivant les formes ordinaires de la loi du 3 mai 1841 (art. 14).

En Algérie, l'État se réserve la propriété exclusive des objets d'art ou d'archéologie, édifices, mosaïques, bas-reliefs, statues, médailles, vases, colonnes ou inscriptions qui pourraient exister sur le sol ou dans le sol des immeubles concédés par lui à des établissements publics ou à des particuliers (art. 16).

Annexe. — A la suite du texte promulgué dans le *Journal officiel* du 31 mars 1887, figure comme annexe une liste comprenant le dernier état du classement des monuments historiques. Cette insertion a eu pour but

(1) « Le savoir et l'expérience de l'homme du métier ne sont pas moins nécessaires quand il s'agit de conduire des fouilles importantes. Cependant, le plus souvent, on ne songe à les signaler à la Commission qu'alors qu'elles sont déjà très avancées. Or, si les déblais n'ont pas été tout d'abord bien dirigés, il faut, sous peine de ne pouvoir continuer ces fouilles, reprendre les terres qui ont été déjà relevées et les porter sur un autre point. De là des dépenses considérables qui auraient pu être évitées. Enfin, il est très important, s'il s'agit de ruines d'un monument, que chacun des fragments retrouvés soit relevé par un artiste exercé, à la place même et dans la situation où il a été découvert; car, en pareil cas, les moindres indices ont une valeur et sont des éléments de restitution. » Exposé des motifs, Chambre, annexes 1882, p. 168.

(2) D'une façon générale, les décisions prises par le ministre de l'instruction publique et des beaux-arts ne seront rendues que sur l'avis de la commission des monuments historiques (V. art. 15).

de porter à la connaissance des intéressés les monuments classés sous l'empire de l'ancienne législation, et par suite, de mettre les propriétaires privés en demeure de réclamer en temps utile contre le classement, s'ils voulaient s'affranchir de la nouvelle servitude que la loi impose à leurs immeubles. — Mais il faut remarquer que cette annexe n'a aucun caractère officiel; elle n'a pas été approuvée par un vote des Chambres, et n'a qu'une valeur purement documentaire. Le *Bulletin des Lois* ne l'a pas reproduite, et dans le *Journal officiel* du 2 avril 1887, un *erratum* a été publié pour écarter à ce sujet toute équivoque.

IV. — A mainte reprise, dans les travaux préparatoires de notre loi, il a été parlé des législations étrangères. En effet, ces législations nous offrent plus d'un modèle, et leur comparaison présente un très vif intérêt; mais ce qui en a été dit jusqu'à présent contient de telles inexactitudes qu'il est nécessaire de se mettre en garde contre l'érudition des rapports officiels et de remonter aux textes eux-mêmes ou aux traductions autorisées qui en ont été faites.

Dans les pays scandinaves, c'est principalement aux objets mobiliers trouvés dans les fouilles, monnaies et médailles, objets d'or, d'argent et de cuivre, inscriptions runiques, etc., que s'appliquent les prescriptions légales.

En Danemark, tout trésor sans maître appartient à la couronne, en vertu du vieux droit de *Danefœ* (1). A l'origine, et lorsque la coutume était dans toute sa rigueur, l'inventeur était tenu de remettre au roi, sans aucune indemnité, les objets précieux qu'il avait trouvés. Mais cette rigueur même semblait appeler la fraude; malgré les peines sévères portées contre la dissimulation, beaucoup de gens faisaient fondre en secret leurs trouvailles. Il fut donc rendu, le 7 août 1752, une ordonnance royale qui, tout en maintenant le principe ancien, accordait à l'inventeur le remboursement de la valeur intégrale de l'objet. Cette disposition eut pour effet d'exciter le zèle des chercheurs de trésors (2) et d'enrichir d'une façon singulière les collections publiques.

Un mouvement artistique très remarquable, analogue à celui qui se produisait en France, signala le commencement de ce siècle. En 1807, fut instituée la Commission royale pour la conservation des antiquités; quelques années plus tard fut fondé le Musée royal des antiquités du Nord, entretenu par des crédits budgétaires annuels et placé sous la direction du ministre de l'instruction publique et des cultes.

Deux hommes, dont le nom devint bientôt populaire (Thomsen, puis Worsaae), se consacrèrent à éveiller dans le public et jusque chez les

---

(1) En vieux norrain *dénarfé* (propriété d'homme mort), de *danar* (homme mort), et *fé* (propriété, biens, richesses).

(2) Le propriétaire du sol n'avait droit à l'indemnité promise par l'ordonnance de 1752 que lorsqu'il avait fait exécuter les fouilles dans un but déterminé de recherches archéologiques, ou lorsqu'il ne les avait autorisées qu'en se réservant expressément le bénéfice du trésor.

paysans le culte des antiquités danoises. Leurs efforts eurent un plein succès; chacun se fit un point d'honneur de contribuer à éclairer et à illustrer l'histoire nationale. Aussi, dit M. Worsaae (1), les lois prohibitives de l'exportation des antiquités de pierre, de bronze ou de fer sont-elles ici tout à fait inutiles; le musée royal s'est bien trouvé de faire appel à l'initiative individuelle; non seulement il n'a pas contrarié, mais il a favorisé la formation de collections particulières; l'expérience a montré que c'était le moyen de sauver beaucoup d'objets, qui autrement auraient été perdus, et que, tôt ou tard, les collections particulières font retour au musée royal, du moins pour ce qu'elles possèdent d'essentiel.

Pour les monuments, l'intervention de l'État ne fut pas moins active et le sentiment populaire accueillit avec une égale faveur les leçons des archéologues et des artistes qui réclamaient, au nom de l'honneur national, le respect de l'architecture du passé. Mais nous ne trouvons aucune loi spéciale empiétant sur le droit des propriétaires; rien que des lois de crédits permettant à l'administration de dresser l'inventaire archéologique du pays, de restaurer les monuments du domaine public, et de subventionner les communes, les églises et même les particuliers qui possèdent des monuments intéressants. De nombreuses acquisitions furent faites par l'État; des souscriptions publiques s'organisèrent et l'aidèrent dans son œuvre.

En outre, une loi du 19 février 1861, sur l'inspection des églises, fixa les règles à suivre pour la restauration des édifices religieux dans leur style primitif et pour la conservation de leur mobilier; elle réserva, au Musée national, la faculté d'acquérir les objets hors de service.

En Norvège, le trésor appartient pour un tiers à l'inventeur, pour un tiers à l'État et pour un tiers au propriétaire du sol lorsque la possession en est restée dans sa famille depuis un temps immémorial (2). A cette différence près, les dispositions du code danois de Christian V et du *placat* royal de 1752 s'appliquent également à la Norvège et protègent les antiquités et objets précieux trouvés dans les fouilles. — Pour le reste, la législation norvégienne est muette.

En Suède, au contraire, une loi du 29 novembre 1867 protège les monuments anciens (tumuli, tombeaux des temps païens, églises et cimetières, etc.), par des dispositions spéciales; les propriétaires ou détenteurs du sol où ces monuments sont situés ne peuvent les détruire

---

(1) *La conservation des antiquités et des monuments nationaux en Danemark*, Rapport fait, à la demande de la légation impériale et royale d'Autriche-Hongrie à Copenhague, par J.-J.-A. Worsaae. Ce rapport a paru en original « *Aarboger for nordisk Oldkyndighed og Historie* » 1877, pp. 1 à 19; il a été traduit par M. E. Beauvois (Copenhague, imprimerie de Thiele, 1878).

(2) Ce propriétaire par excellence, dont les ancêtres ont possédé le sol pendant de très longues années, se nomme *Odelsmand*; la loi présumait que le trésor avait appartenu à l'un de ses aïeux, il était donc juste de lui en attribuer une partie. Aujourd'hui, le droit d'*Odel* s'acquiert par une possession de vingt ans; la présomption légale sera donc bien rarement vérifiée en fait.

ou les dégrader; ils doivent, avant tous travaux, prévenir l'administration, qui prend les mesures de conservation nécessaires (1). Quant aux trésors, ils appartiennent pour moitié au propriétaire et pour moitié à l'inventeur, à moins qu'il ne s'agisse d'anciennes monnaies, armes, instruments, parures, vases, ou objets analogues; ceux-ci appartiennent à l'inventeur seul, mais, si ces objets sont en or, en argent ou en cuivre, il doit les offrir au trésor royal : loi du 30 mai 1873.

Dans le grand-duché de Finlande, la loi du 2 avril 1883 s'est modelée sur la loi suédoise de 1867. — Les principes sont les mêmes; les détails seuls varient. En voici les dispositions principales (2).

Toutes les antiquités tenant au sol, les *tumuli*, champs funéraires, signaux de pierre et rocs de garde, les pierres, blocs et rochers couverts d'écritures runiques ou d'autres inscriptions ou représentations; les croix de pierre ou autres signes de même espèce, et tous autres monuments analogues, assez anciens pour ne plus pouvoir être considérés aujourd'hui comme appartenant à des particuliers, sont placés sous la protection de la loi. Ils ne peuvent en conséquence être modifiés, démolis ou détruits, que sous certaines conditions ; l'autorité municipale doit être préalablement avertie; le gouverneur de la province fait alors exécuter une description exacte du monument et l'envoie à la commission archéologique instituée pour la garde des antiquités du pays (art. 1 et 2). Lorsque cette commission déclare que le monument a une valeur historique et doit être conservé sans changement, le propriétaire ou détenteur du sol peut se faire indemniser du dommage que cette décision lui cause (art. 3). La commission archéologique a le droit de faire restaurer, dessiner ou rechercher, par fouilles ou tout autre procédé, les antiquités tenant au sol, à la condition que le propriétaire ou détenteur du sol en soit préalablement avisé et reçoive ensuite une indemnité (art. 4).

Quiconque détruit ou endommage une antiquité tenant au sol, est puni de 10 à 20 marks d'amende, s'il est prouvé qu'il savait ou devait savoir le caractère du monument; il est, en outre, tenu de le rétablir, autant que possible, dans son état primitif. S'il s'y refuse, la restauration aura lieu à ses frais (art. 7). — Les anciennes peintures ou inscriptions se trouvant sur un monument ne peuvent être effacées avant qu'il en ait été donné avis à la commission archéologique qui prendra toutes mesures utiles. En cas d'infraction à cette prescription, celui qui a la surveillance du bâtiment en est responsable comme pour une faute de service (art. 8). — S'il est trouvé dans une église ou dans un autre monument public des biens meubles, de nature à conserver le souvenir des usages ou de l'art antiques, et n'appartenant à aucun

(1) Cette loi suédoise du 29 novembre 1867 est, croyons-nous, tout à fait inédite en France; M. Pierre Dareste en a fait une traduction que nous avons consultée, mais qui n'a jamais été publiée.
(2) *Annuaire de législation étrangère*, 1884, p. 689, traduction de M. Pierre Dareste.

particulier ni à aucune famille, ces objets ne peuvent être dissipés ou détruits, sous la responsabilité de celui qui doit en avoir la garde par fonction et qui en répondra comme pour une faute de service (art. 9).

Les trouvailles doivent toujours être offertes en vente au Trésor; si l'acquisition en est décidée, l'inventeur recevra la valeur intégrale de l'objet trouvé et un quart en sus, ou, s'il ne peut y être attaché de valeur vénale, il sera indemnisé sur estimation. Toute dissimulation ou suppression de la trouvaille sera suivie de la confiscation, sans indemnité, de tout ce qui restera de l'objet trouvé; en outre, elle sera punie, en proportion de la valeur évaluée de l'objet dissimulé ou disparu, d'une amende de 10 à 300 marks (art. 10).

En Hongrie, la loi XXXIX de 1881, s'est également inspirée des mêmes principes (1), mais en exagérant encore les conséquences rigoureuses de la servitude qui grève les propriétaires.

Quiconque découvre un édifice ayant la valeur d'un monument historique ou artistique doit le signaler immédiatement à l'autorité communale et le laisser intact pendant soixante jours (ou trente jours, s'il y a quelque motif d'urgence); durant ce délai, le ministre du culte et de l'instruction publique décide s'il y a lieu de classer le monument découvert (art. 2). Le propriétaire d'un monument d'art, dont la conservation a été décidée, est tenu de le maintenir *à ses frais* dans son intégrité; il ne peut y apporter d'amélioration, d'accroissements ou de modifications que sur l'autorisation du ministre du culte et de l'instruction publique et de la manière qu'il détermine (art. 4). S'il néglige de prendre soin de cette conservation malgré l'invitation de l'administration, l'expropriation du monument peut être ordonnée (art. 5). Lorsque l'édifice classé constitue la propriété de l'État, d'un municipe, d'une commune ou d'une église d'un culte légalement reçu, l'administration peut ordonner d'exécuter, aux frais du propriétaire négligent, les travaux de conservation ou même de restauration qu'elle juge nécessaires; l'administration n'est obligée de pourvoir aux frais de ces travaux qu'à titre exceptionnel et si la dépense est manifestement disproportionnée avec les ressources de l'église ou de la commune (art. 6). — Pour échapper à ces dispositions rigoureuses, le propriétaire n'a qu'un recours : déclarer qu'il renonce à conserver le monument, et, s'il s'agit d'un temple ou d'une chapelle servant au culte, en consentir la désaffectation; dans ce cas, l'administration sera forcée d'exproprier ou d'opérer le déclassement (art. 8). Encore faut-il remarquer que ce recours suprême consomme la spoliation du propriétaire : en effet, la valeur historique ou artistique du monument exproprié n'est jamais prise en considération pour la fixation du montant de l'indemnité (art. 14).

(1) *Annuaire de législation étrangère*, 1882, p. 337, traduction de M. Pierre Dareste.

Sanctions. — Le défaut de déclaration d'un édifice nouvellement découvert est passible d'une amende de 5 à 100 florins, à moins que le degré d'instruction de la personne inculpée ne permette pas de supposer qu'elle ait eu connaissance de la valeur historique ou artistique de l'objet découvert (art. 15). Quiconque démolit, détruit, ou dégrade un monument d'art dont la conservation a été décidée, est puni, si l'acte ne constitue pas un délit punissable d'après le Code pénal, d'une amende de 50 à 500 florins, et est tenu en outre de souffrir la réparation du monument à ses frais, s'il est réparable. Si cet acte illégal est le résultat d'une délibération de l'assemblée ou du corps représentatif d'un municipe, d'une commune ou d'une église, propriétaire du monument, l'amende sera encourue *solidairement* par ceux des membres de cette assemblée ou de ce corps représentatif qui auront concouru par leur vote à la décision en question (art. 16).

Bien différents sont les principes qui ont inspiré la loi anglaise du 18 août 1882.

Pendant plus de dix ans, sir John Lubbock, auteur d'ouvrages très estimés sur l'homme préhistorique, s'efforça de faire voter un bill enjoignant à ceux qui auraient sur leurs domaines quelque *ancien monument* d'en faire offre de vente à la nation ; une commission devait être instituée pour apprécier l'intérêt de ces monuments et décider s'ils devaient être acquis par l'État ou si les propriétaires seraient laissés libres de les détruire. « Chaque année, malgré l'appui de pétitions adressées par toutes les sociétés archéologiques de la Grande-Bretagne, le projet se heurtait, dans le Parlement, à une opposition systématique, et était rejeté ou devait être retiré après une première ou une deuxième lecture. » En effet, l'esprit libéral du peuple anglais se révoltait à la seule pensée d'une atteinte portée au droit absolu de propriété (1). Cependant le bill fut adopté par la Chambre des communes en 1875 ; il ne put passer à la Chambre des lords (2).

(1) Peut-être l'intervention de l'Etat est-elle moins nécessaire en Angleterre que dans d'autres pays ; les propriétaires fonciers ont ordinairement des fortunes considérables, il leur est facile de se faire les protecteurs de l'art et de l'archéologie. D'ailleurs, l'esprit public en Angleterre est naturellement respectueux des traditions et des monuments du passé.

(2) Dans son rapport au Conseil d'Etat (*loc. cit.*, p. 5), M. Courcelle-Seneuil invoquait l'exemple de la « remarquable loi de février 1880 » ; puis il en exposait l'économie dans les termes suivants : — « Une commission est nommée pour l'exécution de la loi et cette commission se compose des administrateurs du *British Museum*. La commission doit avertir le propriétaire du monument qu'elle veut conserver, et, à dater de cet avertissement, le propriétaire ne peut faire aucun travail de restauration, réparation ou autre semblable, sans en avoir prévenu la commission trois mois avant de commencer les travaux. Si la commission élève des objections et s'oppose aux travaux projetés et si le propriétaire persiste, il doit prévenir encore une fois la commission de ses intentions deux mois avant de commencer les travaux et la mettre en demeure d'obtenir contre lui de la cour de justice (qui peut accorder ou refuser) un droit d'empêcher (*power of restraint*) ou d'acheter le monument. Ce droit d'empêcher

« En 1882, le gouvernement a lui-même pris en main la cause des archéologues, et, au mois de juin, M. Shaw Lefèvre, député de Reading (comté de Berks), directeur de la commission des travaux et bâtiments publics, a déposé à la Chambre des communes un nouveau projet, différant essentiellement de celui de sir John Lubbock en ce qu'il ne contenait aucune disposition coercitive, n'imposait aucune obligation aux propriétaires et se bornait à leur permettre, s'il leur plaisait, de confier à la garde et à l'administration de la commission des travaux publics ou de lui céder à l'amiable les monuments existant sur leur terrain. » Après quelque hésitation, le Parlement vota ce dernier projet, auquel sir John Lubbock s'était rallié en déclarant qu'il ne perdait pas l'espoir de voir un jour une loi plus efficace assurer la conservation des monuments malgré le mauvais vouloir des propriétaires.

Il faut y insister : l'*act* du 18 août 1882 n'impose aucun sacrifice à la propriété privée (1) ; les propriétaires de monuments anciens sont simplement sollicités de faire appel au concours de commissaires spéciaux qu'ils constitueront gardiens de leurs monuments ; ces commissaires prendront alors toutes mesures utiles de conservation *aux frais de l'État* (2). La déclaration faite (par acte sous seing privé), le possesseur sera réputé avoir abandonné ses droits, en tant qu'ils impliqueraient la faculté de détériorer ou de dégrader le monument, et pourra être traité comme s'il n'était point possesseur (art. 6). Mais tout possesseur subséquent, qui ne serait pas lié par l'obligation purement personnelle de l'acte primitif, pourra notifier aux commissaires-gardiens son intention contraire et rentrer dans la pleine liberté de ses droits.

L'*act* du 18 août 1882 est suivi d'une annexe contenant la liste des *anciens monuments* auxquels il s'applique, et qui sont au nombre de soixante-neuf, dont vingt-neuf en Angleterre et dans le pays de Galles, vingt-deux en Écosse et dix-huit en Irlande. Tous sont des monuments préhistoriques ou mégalithiques, des souvenirs de la période gallo-romaine ou de la domination danoise. Cette liste n'est pas limitative, et Sa Majesté peut y ajouter par décret (*order in Council*) d'autres monuments analogues auxquels s'appliqueront, de la même manière, les dispositions légales (art. 10).

---

peut être acheté par contrat, mais ne donne lieu qu'à une obligation personnelle. La commission peut exproprier le monument pour cause d'utilité publique, et il ne peut être exproprié pour travaux publics quelconques sans qu'elle ait été avertie et ait pu présenter ses observations. La pénalité relative à la dégradation des monuments est appliquée au propriétaire comme au non-propriétaire. La loi assure, en outre, aux membres de la commission le droit d'accès au monument. » — Devant le Sénat, cette même loi de février 1880 a été plusieurs fois citée ; mais nous sommes obligé de rappeler que ce texte n'est qu'un *projet* de loi qui n'a jamais été définitivement voté par le Parlement.

(1) *Annuaire* 1876, p. 24 ; *Annuaire* 1881, p. 6.

(2) *Annuaire* 1883, p. 324 ; notice par M. Nicolas, traduction par M. Henri Morgand. — Les frais de conservation, dit l'article 2, seront, sous l'approbation de la Trésorerie, supportés par les crédits qu'allouera le Parlement.

Il n'y a pas de loi spéciale pour le royaume d'Italie (1). Ce n'est pas que le gouvernement italien n'ait compris l'obligation qui lui incombait de protéger contre l'injure du temps et contre la main des hommes les innombrables chefs-d'œuvre dont le génie de l'antiquité et celui de la Renaissance ont couvert cette terre privilégiée; mais les projets de loi préparés par le ministère de l'instruction publique n'ont pas été agréés par les Chambres (2). En attendant, les dispositions anciennes prises dans les différents États indépendants ont cessé d'être en vigueur, et le patrimoine artistique de l'Italie n'est plus légalement garanti.

Nous ne pouvons donc parler qu'au passé de la législation dont le pape Pie VII a été le fondateur et qui s'est appliquée, jusqu'en 1870, aux États pontificaux. Cette législation se composait d'un rescrit du 1er octobre 1802 adressé au cardinal Doria Pamphili (3), et d'un édit du 7 avril 1820 du cardinal camerlingue Pacca, reproduisant et confirmant la plupart des dispositions du texte précédent (4).

Au premier rang des prescriptions de la loi pontificale, se plaçait l'obligation absolue, sans exception ni privilège d'aucune sorte, pour tout directeur d'établissement public, séculier ou ecclésiastique, y com-

---

(1) Le contraire a été dit, par erreur, au Sénat. — M. Bardoux, dans son rapport (*loc. cit.*, p. 138), a même ajouté que cette loi récente, inspirée de l'ancienne législation pontificale, avait produit les meilleurs résultats. L'honorable sénateur devançait ici l'événement. Un décret du 22 avril 1886 a seulement organisé d'une manière provisoire le service de la restauration des monuments nationaux et des fouilles dans les antiques, en attendant qu'une loi ait pu réaliser les réformes plus complètes dont ce même service a besoin (*Annuaire de législation étrangère*, 1887, p. 302).

(2) Un premier projet fut présenté le 13 mai 1872 par M. Correnti, ministre de l'instruction publique (la traduction de ce document figure aux annexes du rapport de M. Baumgart sur les *monuments historiques de France à l'Exposition internationale de Londres*, 1874; V. p. 191.) — Un second projet fut présenté le 3 février 1877 par M. Coppino, alors ministre de l'instruction publique, et voté par le Sénat. (V. *Bulletin de la Société de législation comparée*, 1878, p. 166.) Les vicissitudes parlementaires le ramenèrent dix ans plus tard devant la Chambre des députés, qui l'adopta le 26 novembre 1887; mais cette fois il fut rejeté par le Sénat comme portant une atteinte trop profonde aux droits de la propriété privée (séance du 8 février 1888). A cette occasion M. Coppino donna sa démission. — Un projet nouveau est en préparation dans les bureaux du ministère de l'instruction publique.

(3) « En 1798, après la première campagne d'Italie, le général Bonaparte avait fait céder à la France, par le traité de Tolentino, un grand nombre de chefs-d'œuvre de la sculpture antique et de la peinture moderne et d'autres objets d'art qui avaient été envoyés à Paris pour orner le musée du Louvre. Peu après son avènement au Pontificat, Pie VII s'empressa d'adopter les mesures les plus efficaces pour empêcher l'enlèvement et la translation hors de Rome des objets d'art qui avaient échappé au traité de Tolentino. Tel est le but du rescrit de 1802. » Les peines portées contre les délinquants consistaient en une amende de 500 ducats et des peines afflictives allant jusqu'à cinq ans de galère. Rapport de M. Bardoux au Sénat, *loc. cit.*, p. 138.

(4) V. la traduction complète du rescrit du 7 avril 1820 dans les annexes du rapport de M. Baumgart sur les *monuments historiques de France à l'Exposition internationale de Londres* (*Rapports*, imprimerie nationale, p. 181, 1875).

pris les églises, oratoires et couvents, où se trouvent des statues et des peintures, ainsi que les musées d'antiquités sacrées et profanes, de fournir un inventaire exact et détaillé des objets d'art qu'il avait en sa possession, sous peine d'une amende personnelle de 100 écus pour chaque objet non cité.

Venaient ensuite : 1° L'interdiction générale d'aliéner les objets classés par la commission supérieure des beaux-arts à Rome, ou par les commissions auxiliaires dans les provinces de l'État pontifical, sous peine d'une amende au moins égale à la valeur des objets vendus ;

2° L'obligation de déclarer les objets trouvés dans les fouilles, et la défense de les mettre dans le commerce ou de les restaurer, sous peine d'une amende de 100 écus et de la confiscation, dans le premier cas, et d'une amende de 200 écus, dans le second ;

3° La défense de démolir, sans autorisation, aucun vestige d'édifices antiques, murs, pavés, voûtes, etc., alors même qu'ils seraient enfouis et qu'ils ne pourraient rester découverts, auquel cas il y aurait lieu d'en faire un relevé aussi exact que possible ;

4° L'interdiction de déplacer, mutiler, briser, altérer ou dénaturer les statues, bustes, bas-reliefs, cippes, pierres sépulcrales, etc., de fondre les figures antiques en métal, les médailles et autres objets du même genre ; de causer aucun dommage aux monuments antiques et d'en distraire des matériaux, sous aucun prétexte, alors même qu'il s'agirait de réparer la voie publique ou de consolider d'autres édifices publics ;

5° La défense absolue à tous recteurs ou administrateurs d'églises et chapelles, quel que soit leur grade et quelle que soit leur dignité, sans aucune exception, même pour les cardinaux, les congrégations d'évêques, etc., d'enlever, de restaurer ou de changer de place, sans autorisation préalable, les objets d'art et les ornements que renferment ces monuments.

Une forte amende était la sanction des contraventions commises contre l'édit ; il s'y ajoutait l'obligation de réparer le dommage, lorsqu'il y avait altération ou mutilation du monument ou de l'œuvre d'art (1).

Cette ancienne législation pontificale a servi de modèle à la loi grecque du 10 mai 1834, περὶ ἀρχαιοτήτων. — En Grèce, toute antiquité trouvée dans le domaine de l'État lui appartient exclusivement. Celles qui sont exhumées dans les propriétés privées appartiennent pour moitié au propriétaire du sol et pour moitié à l'État. Dans les trois jours de la découverte, l'inventeur doit en donner avis à l'éphore, sous peine d'une amende

---

(1) Il faut remarquer que l'édit du cardinal Pacca s'étend à tous les objets d'art quels qu'ils soient, sans distinction d'époque ni d'école. L'article 17 est ainsi conçu : « Les marbres sculptés par des auteurs non vivants et appartenant à la décadence ou à la renaissance de la sculpture seront soumis aux mêmes lois que les antiquités, et, toutes les fois qu'ils présenteront quelque mérite particulier pour l'histoire, devront être pris en aussi grande considération que les œuvres antiques. » Pareille déclaration est faite, dans l'article 20, pour les peintures et les mosaïques.

de 1 à 50 drachmes. Si le propriétaire veut aliéner les objets découverts, il faut d'abord qu'il offre la préférence à l'État; si l'administration ne s'accorde pas avec lui sur le prix, la vente à un tiers est autorisée, et la moitié du prix revenant à l'État sert à l'entretien des musées nationaux. Il est également défendu, sous peine d'amende et de confiscation, d'exporter aucun antique sans une autorisation administrative.

Les propriétaires de monuments antiques, routes, bains, tombeaux, etc., sont considérés comme possesseurs de biens nationaux. Il leur est interdit de les détruire ou de les endommager, de les faire servir à aucun usage ou d'y établir des échafaudages. Si ces monuments menacent ruine, le propriétaire doit en avertir l'administration et la mettre en demeure de prendre les mesures de conservation nécessaires; s'il survenait à cet égard un désaccord entre le propriétaire et l'administration, le monument passerait alors à l'État moyennant paiement de la moitié du prix fixé par experts. — Personne ne peut faire de fouilles sans autorisation, même dans son propre fonds, sous peine d'amende et de confiscation des objets trouvés (1).

En Espagne, il faut citer le décret rendu par M. Emilio Castelar, président de la République, le 16 décembre 1873. — Ce décret confie aux gouverneurs de province le soin de s'opposer à tous les travaux ordonnés par les conseils municipaux ou les assemblées provinciales qui pourraient détruire ou dégrader un monument intéressant. A leur défaut, les académies, instituts, sociétés artistiques ou recteurs de l'université avertiront l'autorité supérieure, qui informera l'académie de Saint-Ferdinand. L'académie pourra annuler l'ordre donné par les autorités locales. Si la destruction a été exécutée et peut être réparée, la réparation sera faite aux frais de la commune ou de la province qui aura ordonné les travaux (2).

Ces dispositions, comme on le voit, sont très voisines de celles de la loi française; il ne paraît pas cependant que notre législateur s'en soit directement inspiré.

En Égypte, une décision du conseil des ministres, du 20 avril 1880, défend absolument l'exportation de toutes sortes d'objets rentrant dans le domaine de l'égyptologie, tels que monnaies, inscriptions anciennes et, en général, toutes curiosités de même nature que celles déposées au musée de Boulaq (3). Un décret du 18 décembre 1881 institue un comité chargé de la conservation des monuments de l'art arabe (4).

Enfin, dans la Tunisie, un décret du 7 mars 1886 édicte des règles très

---

(1) Renseignements dus à une communication de M. Calligas, ancien ministre, professeur à l'Université d'Athènes.
(2) *Annuaire* 1874, p. 327; notice de M. J. Cambon.
(3) *Annuaire* 1881, p. 613; notice de M. Vidal-Bey, directeur de l'école de droit du Caire.
(4) *Annuaire* 1882, p. 755.

rigoureuses, et laisse beaucoup à l'arbitraire du gouvernement beylical, surtout en ce qui concerne la conservation des objets mobiliers (1).

Les immeubles par nature ou par destination, dont la conservation, au point de vue de l'histoire ou de l'art, présente un intérêt sérieux, sont l'objet d'un classement (art. 2). Quand l'immeuble n'appartient pas à l'État, ce classement est précédé d'une enquête (art. 3). Le classement réalisé est notifié aux intéressés (art. 6). *L'administration doit faire apposer sur le monument classé une marque spéciale apparente*, le classement n'ayant son plein effet à l'égard des tiers qu'à dater de l'apposition de cette marque (art. 7). L'immeuble classé ne peut être détruit ni restauré, sans l'avis conforme du service des antiquités et des arts; l'administration peut faire exécuter d'office et à ses frais les travaux qu'elle juge nécessaires; en ce cas, le propriétaire peut réclamer une indemnité pour le préjudice que les travaux lui auraient fait éprouver (art. 8). L'administration peut également poursuivre l'expropriation des monuments classés ou qui seraient l'objet d'une proposition de classement (art. 11). Toute destruction ou mutilation est passible des peines édictées par l'article 257 du Code pénal français, c'est-à-dire d'un emprisonnement de un mois à deux ans, et d'une amende de 100 à 500 francs, sauf déclaration de circonstances atténuantes (art. 12 et 40). La destruction de la marque apposée sur un monument est assimilée à une dégradation du monument lui-même et punie de la même peine (art. 13). Les immeubles classés qui appartiennent à l'État, à une commune ou à un établissement public sont inaliénables et imprescriptibles (art. 10).

La conservation des objets d'art et d'antiquité (mobiliers) découverts en Tunisie est déclarée d'intérêt général au même titre que celle des immeubles et des constructions. Il est donc interdit, sous les mêmes peines, de détruire, dénaturer ou déplacer sans une autorisation écrite de l'administration aucun objet de cette catégorie, en fût-on même propriétaire (art. 15 et 16). Ces objets ne peuvent, sans une autorisation, sortir de la Régence (art. 17).

Les pierres écrites et inscriptions de toute espèce, à quelque époque qu'elles appartiennent, en quelque langue qu'elles soient rédigées, sont considérées comme monuments de l'histoire du pays, et, comme telles, assimilées aux immeubles; elles peuvent être classées et sont alors protégées de la même manière (art. 20 à 22). Les inscriptions non classées suivent le régime des objets mobiliers.

Nul ne peut faire de fouilles, même sur son propre terrain, à l'effet de rechercher des antiquités, sans une autorisation écrite de l'administration (art. 25). Les découvertes résultant de fouilles non archéologiques doivent être suivies immédiatement d'une déclaration faite au service des antiquités et des arts (art. 26). Indépendamment des dispositions pénales qui assurent la conservation des objets découverts, l'administration est investie du droit de revendiquer ces objets, dans les six mois; dans tous les cas, le possesseur sera indemnisé (art. 33).

(1) *Annuaire de législation française*, 1887, p. 189.

On le voit, cette législation est extrêmement sévère et s'efforce d'atteindre, par des dispositions multiples, toutes les choses qui ont une valeur historique ou artistique; il n'est rien, pour ainsi dire, qui soit en dehors de son action. Mais cette compréhension même doit faire sa faiblesse : à défaut d'un inventaire général des objets mobiliers, et cet inventaire est impossible à dresser s'il doit s'étendre à tout ce que possèdent les particuliers, il ne saurait y avoir de protection véritablement efficace.

V. — En regard de ces législations si diverses, quel jugement peut-on porter sur notre loi du 30 mars 1887?—Selon la règle invariable imposée aux travaux de l'Annuaire, nous n'avons pas à le rechercher. Nous remarquerons seulement qu'elle tient le milieu entre les lois rigoureuses de la Suède, de la Finlande, de la Hongrie et de la Grèce, et la loi très libérale de la Grande-Bretagne. Le législateur a compris qu'il ne pourrait aller jusqu'à imposer aux propriétaires des travaux ruineux dans le seul intérêt de l'art ou de l'archéologie; il n'a pas cru possible non plus d'étendre sa tutelle sur les objets mobiliers qui font l'orgueil des galeries et des collections privées. Comme en Espagne, c'est seulement aux établissements publics qu'il impose le contrôle et la surveillance de l'État; la propriété privée doit, en principe, échapper à cette intervention.

Notre loi va cependant un peu plus loin lorsqu'elle présume le consentement des particuliers propriétaires en ce qui concerne les monuments antérieurement classés. La promulgation des lois n'a jamais qu'une publicité insuffisante; si donc tous les intéressés n'ont pas réclamé en temps utile contre le classement qui leur impose une servitude nouvelle, il n'est pas bien certain qu'ils y aient tous donné leur consentement; beaucoup d'entre eux peuvent avoir ignoré la présomption légale édictée par l'article 7 et s'être arrêtés à la déclaration de principe de l'article 3. En ces conditions, la prescription d'un an a été critiquée par quelques commentateurs comme étant beaucoup trop courte.

Quant aux effets que la loi pourra produire, ils seront ce que voudront les mœurs publiques et la Commission des monuments historiques. Il serait puéril de croire que l'État peut, à lui seul, assurer la conservation de tant de monuments répandus sur la surface d'un pays comme la France; s'il fallait une preuve de cette impuissance, on pourrait la trouver en Italie où, par la force même des choses, le gouvernement, après avoir accaparé un nombre considérable de couvents et d'églises, se trouve maintenant fort embarrassé pour les entretenir.

En cette matière, comme en beaucoup d'autres, l'action du gouvernement s'exerce surtout par l'exemple et par le conseil ; il peut encourager l'initiative privée, la diriger quelquefois, mais non se substituer à elle. Si l'opinion publique ne l'avait devancée, puis soutenue, la Commission nommée en 1837 n'aurait pu triompher du vandalisme; si l'opinion publique cessait aujourd'hui de la soutenir, la Commission n'aurait que faire de la loi de 1887 et ne pourrait lutter contre l'envahissement du goût moderne et des productions à bon marché, contre le carton-pierre et le zinc d'art.

Le législateur a bien ajouté quelques sanctions, plus ou moins rigoureuses, aux décisions de cette Commission; mais la principale sauvegarde de notre patrimoine artistique sera toujours l'autorité morale dont elle jouira près du public lettré, près des historiens et des artistes.

CHAPITRE 1ᵉʳ (1).

Immeubles et monuments historiques ou mégalithiques.

Art. 1ᵉʳ. — Les immeubles par nature ou par destination dont la conservation peut avoir, au point de vue de l'histoire ou de l'art, un intérêt national, seront classés en totalité ou en partie par les soins du ministre de l'instruction publique et des beaux-arts (2).

Art. 2. — L'immeuble appartenant à l'État sera classé par arrêté du ministre de l'instruction publique et des beaux-arts, en cas d'accord avec le ministre dans les attributions duquel l'immeuble se trouve placé. Dans le cas contraire, le classement sera prononcé par un décret rendu en la forme des règlements d'administration publique.

L'immeuble appartenant à un département, à une commune, à une fabrique ou à tout autre établissement public, sera classé par

---

(1) Le premier projet soumis aux Chambres était divisé en trois chapitres : Iº Monuments historiques appartenant à l'État, aux départements, aux communes, fabriques et établissements publics; IIº Immeubles appartenant à des particuliers; IIIº Objets d'art appartenant à l'État, aux départements, communes, fabriques et établissements publics. — Le projet refondu par le Conseil d'État n'avait aucune division. — La Commission du Sénat proposa la division en quatre chapitres que nous voyons aujourd'hui et qui est loin d'être satisfaisante: les articles 11, 12 et 15 ne sont pas à leur place.

(2) Dans tout le cours des travaux préparatoires et particulièrement devant le Conseil d'État, la loi du 30 mars est présentée comme une véritable loi d'*exception*, et les rapporteurs successifs reviennent avec insistance sur la réserve et la circonspection qu'il conviendra d'observer pour son application. Voici ce qu'en disait M. Courcelle-Seneuil : « Dans les termes où il est conçu, le projet ne s'applique qu'à un petit nombre de monuments ou d'objets assez importants pour que leur conservation soit d'intérêt national, et non pas à tous ceux qui peuvent intéresser la science de l'histoire et de l'archéologie. D'après le cours naturel des choses, on ne conserve bien que les monuments et objets qui présentent une utilité actuelle, c'est-à-dire qui servent à satisfaire les goûts et les besoins de la génération présente, et il n'y a qu'un intérêt très supérieur qui puisse autoriser des mesures de conservation artificielle. Il faut compter, pour la conservation du grand nombre de monuments et d'objets d'un intérêt secondaire, sur les travaux des personnes et des sociétés éclairées, sur les progrès du goût, et sur la puissance de l'opinion publique qui a jusqu'à ce jour admirablement secondé les efforts de la Commission des monuments historiques. Il faudrait craindre, si on allait trop loin, de provoquer une réaction. »

arrêté du ministre de l'instruction public et des beaux-arts, s'il y a consentement de l'établissement propriétaire et avis conforme du ministre sous l'autorité duquel l'établissement est placé. En cas de désaccord, le classement sera prononcé par un décret rendu en la forme des règlements d'administration publique.

Art. 3. — L'immeuble appartenant à un particulier sera classé par arrêté du ministre de l'instruction publique et des beaux-arts, mais ne pourra l'être qu'avec le consentement du propriétaire. L'arrêté déterminera les conditions du classement (1).

S'il y a contestation sur l'interprétation et sur l'exécution de cet acte, il sera statué par le ministre de l'instruction publique et des beaux-arts, sauf recours au conseil d'État statuant au contentieux.

Art. 4. — L'immeuble classé ne pourra être détruit, même en partie, ni être l'objet d'un travail de restauration, de réparation ou de modification quelconque, si le ministre de l'instruction publique et des beaux-arts n'y a donné son consentement (2).

L'expropriation pour cause d'utilité publique d'un immeuble classé ne pourra être poursuivie qu'après que le ministre de l'instruction publique et des beaux-arts aura été appelé à présenter ses observations (3).

Les servitudes d'alignement et autres qui pourraient causer la dégradation des monuments ne sont pas applicables aux immeubles classés (4).

Les effets du classement suivront l'immeuble classé, en quelques mains qu'il passe.

(1) Il convient de rapprocher de cette disposition celle de l'article 7 ci-dessous.
(2) Cet article est toute la loi. La servitude archéologique dont il frappe les monuments classés peut évidemment causer une gêne considérable aux propriétaires. Aussi, dans l'intérêt des communes, M. Combes avait-il proposé un paragraphe additionnel ainsi conçu : « Ce consentement préalable n'est pas nécessaire pour les travaux d'appropriation et d'aménagement effectués par le propriétaire, si ces travaux n'altèrent pas la disposition primitive ou le caractère architectural de l'édifice. » Mais le rapporteur, M. Bardoux, fit observer que ce sont précisément les travaux de ce genre qui ruinent le plus sûrement les monuments que la loi nouvelle a pour objet de conserver intacts. L'amendement fut rejeté.
(3) Ce paragraphe a pour objet « de soustraire les monuments historiques aux dispositions un peu sommaires des articles 15 et 16 de la loi du 21 mai 1836 sur les chemins vicinaux, bien qu'il fût peu probable qu'un préfet passât jamais outre malgré l'opposition du ministre de l'instruction publique et des beaux-arts ». — Rapport de M. Courcelle-Seneuil, *loc. cit.* Exposé des motifs, 1882 p. 163.
(4) « Il y a des servitudes qui pourraient empêcher la conservation ou causer la dégradation d'un monument. Telles sont la servitude d'alignement, la prescription de gratter périodiquement les façades. Il convenait de protéger les monuments classés contre les dangers que ces servitudes pouvaient leur faire courir. » — *Ibid.*

Art. 5. — Le ministre de l'instruction publique et des beaux-arts pourra, en se conformant aux prescriptions de la loi du 3 mai 1841, poursuivre l'expropriation des monuments classés ou qui seraient de sa part l'objet d'une proposition de classement refusée par le particulier propriétaire (1).

Il pourra, dans les mêmes conditions, poursuivre l'expropriation des monuments mégalithiques ainsi que celle des terrains sur lesquels ces monuments sont placés (2).

Art. 6. — Le déclassement, total ou partiel, pourra être demandé par le ministre dans les attributions duquel se trouve l'immeuble classé, par le département, la commune, la fabrique, l'établissement public et le particulier propriétaire de l'immeuble.

Le déclassement aura lieu dans les mêmes formes et sous les mêmes distinctions que le classement (3).

(1) « Il est certain que le ministre de l'instruction publique et des beaux-arts aurait, dès à présent et sans aucune prescription nouvelle de la loi, le droit de poursuivre l'expropriation, pour cause d'utilité publique, d'un immeuble dont il jugerait que la conservation est très importante et ne peut être assurée par aucun autre moyen. Il ne s'est manifesté aucun doute sur l'existence de ce droit dans les sections réunies. Toutefois, comme cette opinion n'est pas admise par tout le monde, il a semblé bon d'écarter tous les doutes par une disposition formelle qui est contenue dans l'article 5. Pour le même motif, on y a mentionné, dans une disposition finale, les monuments mégalithiques considérés comme immeubles par destination. » *Ibid.* — La commission sénatoriale eût voulu que, pour les cas exceptionnels prévus par l'article 5, le jury d'expropriation pût être composé d'hommes spéciaux; mais il était difficile de porter atteinte aux principes généraux. (Rapport 1886, p. 139.) — Aux termes de l'article 1er, un immeuble peut n'être classé que partiellement; il en est ainsi, par exemple, pour les maisons de la place Royale et pour celles de la place Vendôme, dont les *façades* seules sont comprises dans le classement. En pareil cas, le propriétaire peut-il s'opposer à une expropriation partielle et réclamer l'expropriation totale? Ce droit lui a été reconnu formellement devant le Sénat par M. Bardoux, rapporteur (séance du 10 avril 1886).

(2) Un décret du 21 septembre 1887 a déclaré d'utilité publique la conservation des monuments mégalithiques de la commune de Carnac (Morbihan). Le rapport de M. Spuller, sur le vu duquel a été rendu ce décret, rappelle qu'une sous-commission des monuments mégalithiques fut instituée en 1879 sous la présidence de M. Henri Martin et qu'en 1883 un supplément de crédits fut voté pour sauvegarder ces monuments. Depuis cette époque, l'administration a réalisé dans la commune de Carnac toutes les acquisitions amiables dont les conditions lui paraissaient pouvoir être acceptées. Aujourd'hui, l'État se trouve en possession de la plus grande partie des *alignements*; mais les exigences des propriétaires se sont augmentées peu à peu, et, pour vaincre les prétentions excessives des uns et le refus formel des autres, il était nécessaire de recourir à l'expropriation. — V. J. Off. du 24 septembre 1887.

A côté des monuments mégalithiques, la Chambre, sur l'initiative de M. Bischoffsheim, avait fait figurer les *blocs erratiques*. La commission sénatoriale supprima cette addition, en faisant observer que la science géologique ou la science des âges préhistoriques ne pouvait entrer dans la loi projetée. (Sénat, séance du 10 avril, discours de M. Bardoux.)

(3) Les travaux préparatoires jettent peu de lumière sur la question du

Toutefois, en cas d'aliénation consentie à un particulier (1) de l'immeuble classé appartenant à un département, à une commune, à une fabrique, ou à tout autre établissement public, le déclassement ne pourra avoir lieu que conformément au paragraphe 2 de l'article 2.

Art. 7. — Les dispositions de la présente loi sont applicables aux monuments historiques régulièrement classés avant sa promulgation.

Toutefois, lorsque l'État n'aura fait aucune dépense pour un monument appartenant à un particulier, ce monument sera déclassé de droit dans le délai de six mois après la réclamation que le propriétaire pourra adresser au ministre de l'instruction publique et

---

déclassement. A quelles conditions peut-il être demandé? L'administration supérieure peut-elle, dans tous les cas, répondre négativement à la demande des intéressés? Le projet primitif, dans son article 2, établissait une sorte de compensation entre les droits et les devoirs de l'État relativement aux monuments classés, et la sanction des obligations incombant à l'État se trouvait précisément dans la faculté donnée aux départements et aux communes de requérir le déclassement. L'article 2 contenait, en effet, la disposition suivante : « Le déclassement ne peut avoir lieu qu'en vertu d'un décret rendu en la même forme que le décret de classement. *Toutefois l'établissement propriétaire aura le droit d'obtenir le déclassement si l'État n'a pas fait de dépenses pour la restauration du monument.* » — Ce dernier paragraphe n'a pas été conservé dans la rédaction définitive adoptée par le Conseil d'État. Il semble donc certain que le classsement et le déclassement, du moins s'il s'agit d'immeubles appartenant à des établissements publics, restent soumis, de la façon la plus absolue, à l'arbitraire de l'administration supérieure.

En est-il de même pour les monuments des particuliers? Le projet primitif, nous l'avons dit plus haut (p. 63), ne donnait, en ce qui les concerne, aucun caractère obligatoire à la déclaration de classement. Dans le projet du Conseil d'État, il en fut autrement; mais l'article 3 déclara que, dans ce cas, le classement ne pourrait avoir lieu sans le consentement des propriétaires. Et le rapporteur, M. Bardoux, disait devant le Sénat : « En ce qui concerne les particuliers, nous n'avons pas voulu porter atteinte à la propriété privée. Quand un immeuble appartient à un particulier, un contrat doit se former ; par conséquent il faut qu'il y ait consentement; quand il n'y aura pas consentement, l'immeuble ne sera pas classé » (séance du 10 avril 1886). Lorsque l'immeuble aura été classé, est-il admissible que le propriétaire n'ait jamais droit au déclassement de l'immeuble pour lequel la Commission ne veut ou ne peut faire aucune dépense ? Le paragraphe 2 de l'article 6 semble indiquer au contraire que ce droit lui appartient. Cette opinion, favorable à la liberté de la propriété privée, se fortifie encore de la disposition du paragraphe 3 qui, sans cela, n'aurait aucun sens. (Voir la note suivante).

(1) Ce paragraphe, dit M. Courcelle-Seneuil, a pour but d'empêcher qu'un immeuble classé, devenant tout à coup par une aliénation propriété particulière sans que sa situation ait été réglée par un contrat, pût être déclassé trop facilement contre le gré du ministre chargé de veiller à sa conservation. — V. *loc. cit.*, exposé des motifs 1882, p. 169. — Disposition digne de remarque en ce qu'elle suppose chez les particuliers propriétaires le droit de faire prononcer le déclassement de leurs immeubles (*supra*, p. 29, note 3).

des beaux-arts, pendant l'année qui suivra la promulgation de la présente loi (1).

(1) Comme nous l'avons indiqué dans la notice, cette disposition résout une des principales difficultés du sujet. — Deux points sont hors de doute : 1° lorsque le propriétaire aura accepté une subvention du gouvernement pour la restauration de son immeuble, la servitude archéologique s'imposera nécessairement et le déclassement pourra être refusé; 2° à l'inverse, lorsqu'il n'y aura jamais eu de subvention et que le propriétaire aura fait parvenir sa réclamation au ministre des beaux-arts avant le 31 mars 1888, le déclassement de l'immeuble sera de droit. — Mais que faut-il penser du monument classé, possédé par un particulier, lorsque l'année de grâce sera écoulée, si d'ailleurs le gouvernement n'a donné aucune subvention? La servitude sera-t-elle encourue à jamais? ou bien, au contraire, le propriétaire pourra-t-il obtenir à son gré le déclassement, en suivant les formes prescrites par l'article 2 ou l'article 3 ?

Au premier abord, il semble qu'il n'y ait aucun recours, ou plutôt que le ministre soit souverain pour accorder ou refuser le déclassement. — Mais, d'un autre côté, cette solution paraît en désaccord avec l'esprit général de la loi, tel que les travaux préparatoires nous le font connaître. A mainte reprise, il a été déclaré que la loi ne porterait aucune atteinte à la propriété privée; l'article 3 pose clairement le principe : l'immeuble appartenant à un particulier ne pourra être classé *qu'avec le consentement du propriétaire*. Comment donc supposer que, pour les édifices précédemment classés, la présomption qui résulte du silence gardé pendant un an par le propriétaire puisse emporter *expropriation sans indemnité*?

En se reportant à l'exposé des motifs de 1882, on voit que l'article 7 a été justifié devant les Chambres par les motifs suivants : « Il était indispensable de déterminer la situation des monuments actuellement classés. En effet, le classement ancien impose des charges, tandis que le classement actuel ne présente que des avantages au propriétaire du monument. Il n'était pas juste de transformer les effets du classement sans exiger le concours des volontés qui est nécessaire pour classer un immeuble non classé. Seulement on suppose le consentement lorsqu'aucune réclamation ne s'est élevée dans le délai d'un an *de la part des personnes civiles*. — Quant au particulier propriétaire, *il peut réclamer en tout temps*, à moins qu'il n'ait obtenu de l'État une subvention pour la conservation du monument. Alors, en effet, le consentement s'est manifesté par un acte et les difficultés qui peuvent s'élever en ce cas doivent être réglées par une autorité supérieure, celle d'un décret rendu en la forme des règlements d'administration publique. » *Loc. cit.*, p. 169. — Comment concilier ici le commentaire officiel et le texte auquel il prétend s'appliquer?

Voici l'éclaircissement qu'on peut donner à ce sujet :
Le passage que nous venons de transcrire a été littéralement emprunté au rapport de M. Courcelle-Seneuil du 21 février 1881; il était en concordance *à cette date* avec la rédaction proposée par les sections réunies; mais il advint qu'une rédaction nouvelle fut adoptée ensuite (distribution du 7 avril 1881) et finalement l'article 7 fut rédigé dans les termes où nous le voyons aujourd'hui. Dès lors, cet article ne concordait plus avec les motifs précédemment donnés par le rapporteur; mais la contradiction ne fut pas aperçue par le rédacteur de l'exposé des motifs de 1882.

Le texte de l'article 7, entendu rigoureusement, est également inconciliable avec celui de l'article 6, § 3. Si les particuliers n'ont qu'une année pour réclamer le déclassement de leurs immeubles, comment les acquéreurs de monuments départementaux ou communaux peuvent-ils avoir ce droit pendant un temps indéfini? — Ne serait-ce pas que le pouvoir de l'administration a été regardé comme subordonné à l'accomplissement d'obligations corrélatives? (V. les deux notes précédentes.) — Ainsi seraient conciliés les intérêts de l'art et le respect de la propriété privée.

CHAPITRE II.

Objets mobiliers.

Art. 8. — Il sera fait, par les soins du ministre de l'instruction publique et des beaux-arts, un classement des objets mobiliers appartenant à l'État, aux départements, aux communes, aux fabriques et autres établissements publics, dont la conservation présente, au point de vue de l'histoire ou de l'art, un intérêt national (1).

Art. 9. — Le classement deviendra définitif si le département, les communes, les fabriques et autres établissements publics n'ont pas réclamé, dans le délai de six mois, à dater de la notification qui leur en sera faite. En cas de réclamation, il sera statué par décret rendu en la forme des règlements d'administration publique.

Le déclassement, s'il y a lieu, sera prononcé par le ministre de l'instruction publique et des beaux-arts. En cas de contestation, il sera statué comme il vient d'être dit ci-dessus.

Un exemplaire de la liste des objets classés sera déposé au ministère de l'instruction publique et des beaux-arts et à la préfecture de chaque département, où le public pourra en prendre connaissance sans déplacement (2).

Art. 10. — Les objets classés et appartenant à l'État seront inaliénables et imprescriptibles (3).

Art. 11 (4). — Les objets classés appartenant aux départements, aux communes, aux fabriques ou autres établissements publics, ne pourront être restaurés, réparés, ni aliénés par vente, don ou échange, qu'avec l'autorisation du ministre de l'instruction publique et des beaux-arts (5).

(1) Les objets mobiliers appartenant à des particuliers ne peuvent être l'objet d'un classement. Si précieux qu'ils soient pour l'art ou pour l'histoire, ils restent donc dans le commerce; notre loi ne s'y applique pas.

(2) « La liste des objets mobiliers mis hors du commerce par le classement devait être portée à la connaissance du public. C'est pour cela qu'a été introduit le dernier alinéa de l'article 9 qui, en cas de procès, enlève l'excuse d'ignorance aux acheteurs d'objets classés. » — Rapport de M. Courcelle-Seneuil, *loc. cit.*

(3) Ce dernier mot doit être entendu sous la réserve de l'article 13, § 2, qui édicte une prescription de trois ans pour l'exercice de l'action en nullité.

(4) « Les articles 11 et 12 du projet contiennent les sanctions. L'article 11 ouvre une action en dommages-intérêts contre ceux qui auraient ordonné ou fait exécuter des travaux, en violation des articles 4 et 10. » — Ces deux articles devraient donc figurer hors du chapitre II qui, d'après la rubrique, concerne uniquement les objets mobiliers.

(5) En ce qui concerne les objets mobiliers, M. Lacombe, sénateur, avait proposé une disposition additionnelle ainsi conçue : « Dans le cas où une

Art. 12. — Les travaux, de quelque nature qu'ils soient, exécutés en violation des articles qui précèdent, donneront lieu, au profit de l'État, à une action en dommages-intérêts contre ceux qui les auraient ordonnés ou fait exécuter (1).

Les infractions seront constatées et les actions intentées et suivies devant les tribunaux civils ou correctionnels (2), à la diligence du ministre de l'instruction publique et des beaux-arts ou des parties intéressées.

Art. 13. — L'aliénation faite en violation de l'article 11 sera nulle, et la nullité en sera poursuivie par le propriétaire vendeur ou par le ministre de l'instruction publique et des beaux-arts, sans préjudice des dommages-intérêts qui pourraient être réclamés contre les parties contractantes et contre l'officier public qui aura prêté son concours à l'acte d'aliénation (3).

Les objets classés qui auraient été aliénés irrégulièrement, perdus ou volés, pourront être revendiqués pendant trois ans, conformément aux dispositions des articles 2279 et 2280 du Code civil. La revendication pourra être exercée par les propriétaires et, à leur défaut, par le ministre de l'instruction publique et des beaux-arts.

commune, une fabrique ou un établissement public demanderait l'autorisation d'aliéner un objet classé et se verrait refuser cette autorisation, elle pourra requérir de l'État d'en faire l'acquisition au prix d'estimation qui en serait fait suivant les formes à préciser dans le règlement d'administration publique. » Sans cette précaution, pensait-il, les communes et les fabriques pourraient être gravement lésées dans leurs intérêts. M. Bardoux répondit que si l'on adoptait une semblable disposition, il n'y a pas une commune, on peut le croire, qui ne dirait à l'État : « Nous avons besoin de vendre tel ou tel retable, tel ou tel objet d'orfèvrerie ancienne; nous allons vous obliger à les acquérir. » Or, le but de la loi est précisément d'empêcher les aliénations qui se font dans des conditions si favorables surtout pour les brocanteurs. — L'article additionnel fut rejeté (séance du 1er juin 1886).

(1) Les seules sanctions de notre loi sont des sanctions pécuniaires. Il ne s'agissait pas, en effet, d'édicter de nouvelles pénalités contre ceux qui, sans droit et avec intention de nuire, dégraderaient des monuments publics; l'article 257 du Code pénal suffit à réprimer ce genre de délits. Ce qu'il fallait prévenir, c'est l'abus de jouissance du propriétaire sur sa chose ou de l'administrateur sur les objets qui lui sont confiés. Quant aux objets mobiliers déclarés inaliénables, il s'y joint la nullité de l'aliénation irrégulièrement consentie (art. 13).

(2) Il n'est question nulle part dans la présente loi de poursuites correctionnelles : V. note 1, suprà. L'expression que renferme l'article 12 semble donc s'y être glissée par erreur.

(3) « Le projet de loi ne touche en rien, d'ailleurs, à la jurisprudence établie par la cour de Paris dans l'affaire de l'église de Carrières-Saint-Denis, et par la Cour de Lyon dans l'affaire de l'église de Nantua. Il n'abroge ni ne confirme les lois antérieures relatives à l'inaliénabilité de certains objets et aux revendications qui peuvent s'élever à la suite d'aliénations irrégulières; il ajoute seulement à la législation existante quelques dispositions nouvelles dans l'intérêt de la conservation d'objets précieux. » Rapport au Conseil d'État, loc. cit. — V. suprà, p. 10, notes 3 et 4.

CHAPITRE III.

Fouilles.

Art. 14. — Lorsque par suite de fouilles, de travaux ou d'un fait quelconque, on aura découvert des monuments, des ruines, des inscriptions ou des objets pouvant intéresser l'archéologie, l'histoire ou l'art, sur des terrains appartenant à l'État, à un département, à une commune, à une fabrique ou autre établissement public, le maire de la commune devra assurer la conservation provisoire des objets découverts, et aviser immédiatement le préfet du département des mesures qui auront été prises (1).

Le préfet en référera, dans le plus bref délai, au ministre de l'instruction publique et des beaux-arts, qui statuera sur les mesures définitives à prendre.

Si la découverte a eu lieu sur le terrain d'un particulier, le maire en avisera le préfet. Sur le rapport du préfet et après avis de la Commission des monuments historiques, le ministre de l'instruction publique et des beaux-arts pourra poursuivre l'expropriation dudit terrain en tout ou en partie pour cause d'utilité publique, suivant les formes de la loi du 3 mai 1841.

Art. 15. — Les décisions prises par le ministre de l'instruction publique et des beaux-arts en exécution de la présente loi, seront rendues après avis de la Commission des monuments historiques (2).

---

(1) Les prescriptions de l'article 14 n'ont aucune sanction, civile ni pénale.
(2) Disposition générale, applicable à toute la loi, et qui ne devrait pas être comprise dans le chapitre III, spécial aux fouilles. V. *suprà*, p. 14, note 1. — Cet article, dit M. Courcelle-Seneuil, a suscité quelques scrupules et soulevé un débat assez vif dans le sein des sections réunies : « On était unanime à penser que les pouvoirs considérables que le projet de loi conférait au ministre de l'instruction publique et des beaux-arts ne devaient pas être exercés par le ministre seul; qu'il convenait que l'autorité que la loi instituait en quelque sorte comme l'arbitre souverain du goût et de la convenance en matière de conservation de monuments et d'objets d'art eût un caractère de compétence et d'impartialité incontestable. Mais quelques-uns pensaient qu'aucun ministre ne prendrait la responsabilité de statuer seul en cette matière et qu'il demanderait toujours l'avis d'un conseil qui, en fait, serait permanent. Ils signalaient le danger de définir ce conseil par une loi ou même par un règlement d'administration publique, en faisant remarquer que la constitution de la Commission des monuments historiques avait été remaniée plusieurs fois utilement, et étaient d'avis qu'il fallait laisser tout pouvoir au ministre, qui avait toute la responsabilité. La majorité a été d'un avis contraire : elle a pensé qu'il était préférable de poser dans la loi même le principe du conseil supérieur et d'en définir les attributions dans le règlement d'administration publique auquel sont renvoyés les détails d'application de la présente loi. Il n'y avait pas divergence sur le but, mais seulement sur les moyens de l'atteindre. » *Loc. cit.*

Le rapport de M. Antonin Proust à la Chambre des députés, en 1887, donne

CHAPITRE IV.

Dispositions spéciales à l'Algérie et aux pays de protectorat.

Art. 16. — La présente loi est applicable à l'Algérie.

Dans cette partie de la France, la propriété des objets d'art ou d'archéologie, édifices, mosaïques, bas-reliefs, statues, médailles, vases, colonnes, inscriptions, qui pourraient exister sur et dans le sol des immeubles appartenant à l'État ou concédés par lui à des établissements publics ou à des particuliers, sur et dans les terrains militaires, est réservée à l'État.

Art. 17. — Les mêmes mesures seront étendues à tous les pays placés sous le protectorat de la France (1) et dans lesquels il n'existe pas déjà une législation spéciale (2).

DISPOSITION TRANSITOIRE.

Art. 18. — Un règlement d'administration publique déterminera les détails d'application de la présente loi (3).

---

des détails précis sur les remaniements successifs de la Commission. — Son organisation actuelle a été fixée par un décret du 27 mars 1879 (*J. Off.* du 29 mars); elle est présidée par le ministre de l'instruction publique et par 3 vice-présidents; elle compte en outre 28 membres, parmi lesquels figuraient, en 1887, MM. Bœswillwald, Lisch et Ruprich-Robert, inspecteurs généraux des monuments historiques.

Au Sénat, quelques membres ont attaqué le rôle prépondérant des architectes et ont sollicité une modification dans la composition même de la Commission; la majorité a pensé, au contraire, qu'il convenait de laisser à cet égard tout pouvoir au ministre; elle a rendu hommage aux services que la Commission, depuis sa création, n'a cessé de rendre à l'art et à l'histoire, et elle a fait appel, pour seconder ses efforts, aux sociétés archéologiques de toute la France. *Loc. cit.* 1886, p. 140.

(1) Disposition ajoutée à la demande de M. Turquet, sous-secrétaire d'État aux beaux-arts, lors de la discussion du Sénat. Il existe en effet au Cambodge et dans l'Annam des objets d'art et des monuments d'un très grand intérêt (séance du 13 avril 1886).

(2) Ces derniers mots ont été ajoutés entre la première et la deuxième lecture, par allusion au décret tunisien du 7 mars 1886. — V. *Annuaire français* 1887 p. 189.

(3) Ce règlement d'administration publique n'a pas encore été rédigé; l'élaboration n'en est pas même commencée (février 1888).

PARIS. — IMP. DE LA SOCIÉTÉ ANONYME DE PUBLICATIONS PÉRIODIQUES
P. MOUILLOT. — 13, QUAI VOLTAIRE. — 8602

www.ingramcontent.com/pod-product-compliance
Lightning Source LLC
Chambersburg PA
CBHW071201240526
45470CB00017B/1223